U0077099

小工程師存出百萬股利組合，45歲提前退休

傻多存股法

徐世鑫（棒喬飛）◎著

自序

第1篇 建立基本觀念

第2篇 制定人生計畫

第3篇 擬定財務目標

第4篇 管理計畫進度

第5篇 解決實戰問題

自序 龜兔賽跑，安心理財

從前，有一隻烏龜和一隻兔子在互相爭辯誰跑得快，牠們決定來一場比賽分高下，選定了路線，就此起跑。

兔子帶頭衝出，奔馳了一陣子，眼看牠已遙遙領先烏龜，心想，牠可以在樹下坐一會兒，放鬆一下，然後再繼續比賽。

兔子很快地在樹下就睡著了，而一路上笨手笨腳走來的烏龜則超越過牠，不一會兒完成比賽，成為貨真價實的冠軍。

等兔子一覺醒來，才發覺自己輸了。

從小到大聽到快爛掉的故事，在現實生活裡，我發現多數人還是喜歡當兔子。

尤其在投資的道路上，大家都想要經由獨到的投資技術，找到特別的標的，然後賺一大筆錢到達目標，人生從此財富自由。極少人想要慢慢地變有錢。

現在最受市場歡迎的投資達人，也往往是身懷絕技，有獨門招式可以快速找到投資標的，快速打擊進攻，然後快速致富；市面上的媒體，也喜歡尋找以及報導這種武林高手。

我在 2020 年第 2 度接受《Smart 智富》月刊副總主筆劉萍小姐的封面故事採訪，當時這篇報導的採訪後記有一段是這樣寫的：「這些年台股走多，存股又盛行，達人多到快可組隊遊行。」「更新他近況後，方法沒有技術，標的也不獨到，這怎麼寫啊？但在愈聊愈多後發現，有太多可寫！」

我很感謝《Smart 智富》在聽完我的故事之後，還能從中梳理出我投資人生中獨特的見解和做法，然後加以報導，寫出一篇和「如何尋找飆股」或是「如何快速致富」不相關的文章出來。他們看到我在股市裡持續存股的堅持，以及如何在不斷變化的市場，調整自己的投資策略來達成財富自由的目標。

靜下心來想一想，當資本小的時候，假設有 50 萬元，若拿出其中 10 萬元賭一把，賭贏賺 1 倍變成 20 萬元就能讓我們樂不可支。可是當有500萬元資產時，還敢拿其中幾百萬元出來賭一把嗎？甚至當有5,000萬元時，敢拿其中幾千萬元再賭一把嗎？當資金部位愈大，愈難用賭博式的投資法操作。

反觀我的「傻多存股法」，在我2011年以前股票資產30萬至40萬元的時候，我就採取分散投資。當我股票資產放大10倍，成長到300萬至400萬元的時候，我也可以用同樣的方式操作。當我持續用工作收入買進股票，在股票資產放大到3,000萬至4,000萬元的時候，跟剛開始相比資金已經放大100倍，我依舊使用同樣的邏輯在操作；而且隨著操作時間愈來愈長，操作邏輯變得更清晰，也愈來愈熟練，愈來愈能體悟到投資的真正道理。

這可以說是學習投資的最佳方法，資金少的時候，學習累積技術；資金增加的時候，就只是單純的放大數字倍數。如果長時間可以用少量資金讓小型投資組合穩定獲利，就一定有信心在資金倍數成長時繼續放大獲利。趁年輕提早學習正確的投資方法，等到中年之後，就不會不知道如何運用這些資金投資。

台股在2020年10月底開放了盤中零股交易，以前沒有這個制度，想買零股只能等收盤後，一不小心就會忘記，還不見得能成交，但是盤中交易整張股票又會面臨資金不足的難題。像我畢業後工作沒幾年，累積了30萬至40萬元的資金，扣除一些生活預備金，我只能買幾檔股票，投資的資金一下子就用完了，無法確實分散風險，也很難建立「自己的ETF」。如今盤中零股開放交易，以前必須買1張的，就可以降低變成買100股，這樣資金就等於放大10倍，可以買更多的股票來買自己喜歡的股票，組自己喜歡的ETF。

所以盤中零股交易，可以讓小資族更容易去買更多種類的股票，組自己的ETF來分散投資的風險，學習適應股市的漲跌；未來工作上本業收入增加，可投資的資金放大之後，也不會不知道如何投資，這才是可以永續經營的投資方法。

可惜這種方法太慢，很少人喜歡當烏龜。巴菲特（Warren Buffett）也說：「沒有人想要慢慢變有錢。」而今天我就要用這本書告訴大家，如何用烏龜精神，靠時間慢慢地變有錢。

這本書結合了我以前在科技業任職時所使用的「PQRDCM」思考方法，來解決人生的財務問題。PQRDCM是什麼？

P：Plan，也就是計畫。先計畫，訂出符合自己的方法和目標。我們對於自己人生的未來，有怎樣的期待和計畫，希望未來會到達怎樣的地步和目標？希望每天上班、下班，過著只有週末才擁有屬於自己的生活？還是想從事另外一個嚮往的工作，卻因為財務的問題無法放手去做？這些問題我們都可以透過計畫去勾勒出解決的方案，再來一步一步完成。

Q：Question，列出問題。這一路上你會遇到什麼問題？不同的人有著不同的收入，投資不同的項目，都一定會遇到很多問題。把問題條列出來，預先找出問題然後尋找對策。

R：Resolution，找出解決方案。遇到問題是否有相對應的解決方案？當已經預先想到問題，對策方案也準備好之後，真正遇到問題時就不會感到害怕，因為自己已經做好準備。

D：Design，訂出執行計畫。有了一開始的計畫還不夠，我們必須把這個計畫詳細地依照年份，甚至月份，去列出每年每月應完成進度的規畫表。有了詳細的計畫表之後，按表操課必然可以到達目標。

C：Control，控制執行計畫。世界上不會有完美的事情，唯一不變的就是不斷在改變。所以我們要能控制我們的計畫，按時程去做調整和優化執行的流程。

M：Management，管理執行計畫。在固定的時間去管理所執行的計畫。透過定期的更新和檢視系統，就可以看出什麼地方可以改善或是優化，更接近目標。

這就是 PQRDCM 的設計目的和執行方法。當有計畫地執行任務，即使走得像烏龜一樣慢，一定會有到達目標的一天。一旦缺乏計畫盲目亂竄，只會像一隻迷路的兔子，最後注定失敗。

「傻多存股法」，就是相信股市會傻傻地一直走多頭；心裡有計畫，對市場抱持信心，鼓勵自己，讓投資計畫繼續執行下去的一種投資方法，這方法讓我用 12 年的時間達到財富自由；這段過程中，我為什麼開始存股？靠什麼方法來存股？這些經歷和過程，都詳細記錄在這本書裡面，希望這本書能夠讓大家知道，一個平凡普通的科技業工程師，原來也能靠這樣的方法，不投機、不搶快，順利達到人生的理財目標。

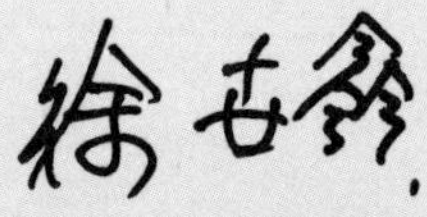

第1篇

建立基本觀念

1-1 善用本業收入＋選股＋時間 45 歲達成財富自由

在 2008 年之前，我的股票投資方式跟大多數散戶一樣，認為有買有賣，獲利了結才算是真正賺到錢；當時都是採取賺價差的方式，有時候賺，有時候賠，結算之後資金回到戶頭，又要開始找下一檔股票「賭賭看」。

有一段時間我也買過股票型基金，結果賠了 30 多萬元。後來覺得，這些基金都是拿我的錢去幫奇怪公司的股票抬轎出貨，很少有賺錢的基金，從此我再也不碰台灣的主動型基金。

我常常在思考未來的人生規畫，有沒有可能提前退休？退休後要靠什麼維生？思來想去，「投資」似乎是最好的答案。

我結算了截至 2007 年的投資績效，發現一開始投入的 50 萬元，根本沒賺沒賠，白忙一場。2008 年又遇到金融海嘯，帳面報酬大賠 65%，我一度懷疑投資能否支撐我的退休生活。這時想起女友領到公司的股票分紅後就沒有賣出，不用忙進忙出，每年也有公司配發的股利入帳，這也算是種投資收入吧？

放棄賺價差，反而因存股賺到百萬股利

因此我決定做個實驗，一方面用女友的股票帳戶，專門買適合存股的股票；另一方面，我同時用自己的帳戶繼續買低賣高，看看哪個方法會勝出。

2009 年，台股很快復甦，攤開兩個帳戶，女友的定存股帳戶，績效竟然贏過了我的買低賣高帳戶！於是我果斷將原本用來買低賣高的股票全數出清，全心投入存股。

隨著工作收入增加，我們持續放大存股的資金，扣掉基本支出和緊急預備金後，每年一共可投入 100 多萬元存股，並將領到的股利再投入買股。到了 2011 年，股票市值順利累積到 430 萬元，當年領到的股利約 30 萬元；根據我所訂下的計畫，很有機會在 2015 年達到年領 100 萬元股利的目標。

不過，計畫並沒有想像中順利，2014 年的股利竟然只有近

50 萬元，2016 年時甚至衰退到 45 萬元以下，2017 年也只成長到 59 萬元。此時，我的健康也拉起警報，長時間的高壓、超時工作，讓我不得不做出留職停薪 1 年的決定。

與此同時，原本我們租的房子沒辦法繼續住，當時正好物色到一間坐落於新北市汐止鬧區的法拍屋。我一向認為買房子跟買股票一樣，永遠不要預期會買在最低點、賣在最高點，買在價格相對低點就可以進場了。所以我在 2018 年 5 月時，標下了這間法拍屋自住，拍入價格是 1,300 萬元；回顧過去，房市的高峰期是在 2014 年至 2016 年，我的拍入價是當年法拍投資客買入套牢價格 2,500 萬元的一半。從此，我們身上又多了大約 1,000 萬元的房貸。

房貸負擔加身，我還是沒有放棄百萬股利的目標，所以隔年我調整了存股策略，成功讓股利達到 109 萬元，並且順利在 2020 年得償所願，提前退休，這一年領到的股利達到了 133 萬元（詳見表 1）。

台灣股市從 2008 年金融海嘯後開始一路上漲，呈現多頭格局，直到如今的 2021 年，這段股價不斷上漲的過程讓很多人都賺到了錢，每個人都有自己的投資方法，百家爭鳴，投

2020年棒喬飛股利達133萬元
——2011～2021年棒喬飛股票市值及股利

年度	股票市值（萬元）	股利（萬元）
2011	437.81	30.28
2012	594.22	37.91
2013	802.32	39.01
2014	818.77	49.48
2015	779.94	48.02
2016	956.92	44.83
2017	1,295.72	59.51
2018	1,413.97	70.65
2019	2,234.58	109.18
2020	3,186.94	133.84
2021	4,025.33	*150.00

註：1. 年度為股利發放年度；2. *2021 年股票市值結算至 2021.05.03，股利則為預估值，所投資公司尚未完全公布股利政策

資達人遍地開花。存股也經由理財達人們的介紹，變成了一種顯學。不過，還是有許多新手的存股過程並不順利，有些人根本挑錯股票，有些人雖然買到好股票，卻撐不過股價波動而半途放棄。

我有幸因為存股達成財富自由，如果問我存股成功的關鍵，我的答案是「本業收入＋選股＋時間」。

本業收入》輾轉入職科技公司，累積投資資金

有資金才能買股票，普通人的資金來源自然就是「本業收入」；如果本業收入能夠愈來愈高，自然就能投入愈來愈多的資金，買到更多的股票。

我也聽到很多人會說，自己是小資族，人生大概就是這樣了，要再往上提升收入是不可能的事情，所以對於投資也興趣缺缺，寧可把僅剩的錢用來及時行樂。

我就來說說我的故事吧！我是 1975 年出生，畢業於五專機械科，沒有顯赫的學歷。剛畢業的時候因為沒有一技之長，喜歡每天騎摩托車到處玩，所以找了一間摩托車行應徵黑手；當下老闆拒絕了我，他說，他認為我不是會來這種行業當學徒的人。

初次面試出師不利，回頭想想自己確實也缺乏專業技能和專長，那就先去參加政府的職業訓練學習電腦網路吧！在 1998 年那個 586 電腦（採取英特爾 Pentium 中央處理器的電腦）

的年代，個人電腦與網際網路正在興起，還沒結業就有廠商去找職訓老師要學生了。

我靠著政府的職業訓練轉介，順利得到了第一份工作——無線基地台測試人員。當時的無線基地台常會架設在民宅屋頂，我的職務是等基地台架設完成之後，要負責去測試網路有沒有通。因為常常要全台灣跑透透，工作了幾個月覺得實在太累，便轉職去一家小公司當 MIS（Management Information System）工程師。

MIS 的工作是當公司有人電腦壞掉了、不能開機、網路不通……就得負責去維修。這份工作我也只做了幾個月而已，雖然時間不長，卻也累積了不少修電腦的經驗。後來經由人脈介紹，我到台北市光華商場的茂訊電腦當起了小工程師，客人買電腦，我就在後台組裝出貨；顧客、有配合簽約的公司或商家的電腦出問題，我就得出差去維修電腦或網路。這是第一個讓我有踏入科技業感覺的工作。

由於那段期間個人電腦蓬勃發展，我一路從茂訊電腦轉職到上市公司台達電（2308），再從台達電轉職到技嘉（2376），接著又轉職到後來待最久的仁寶（2324），到仁寶就職那一年我 27 歲。

以上是我從畢業後輾轉更換職場，在 4 年內從基層技術人員開始，直到進入上市公司擔任小工程師的本業經歷；我的本業收入愈換愈高，從一開始年收入不到 50 萬元，逐漸提升到超過 100 萬元，讓我得以有持續的資金投入股票投資。

選股》分散投資，建立高殖利率存股組合

我最初想存股的目的就是為了當股東長期領股利，即使不用工作也每年有錢可以領；不過，要是存錯股，不僅領不到股利，還有可能血本無歸，所以「選股」一定得挑選擁有獲利能力的公司。

剛開始認真存股時，我專門找殖利率高且經營穩健的股票來存，例如我曾任職過的台達電、仁寶；天然氣業者大台北（9908）、欣天然（9918）；傳產業的中碳（1723）、中鋼（2002）、台泥（1101）、亞泥（1102）、台化（1326）；電信股中華電（2412）和台灣大（3045）；食品股卜蜂（1215）、大成（1210）、大統益（1232）等，當時很輕易就能買到殖利率 5% 以上的股票，再加上當時的股

利可扣抵稅額（註 1）制度優渥，可扣抵稅率超過個人綜合所得稅的實質稅率還可以退稅，讓我以為可以順利在幾年內達到百萬股利目標。

2014 年開始，因為股利累積遠遠不如預期，我仔細檢討，發現問題出在存股殖利率降低。當時市場利率下降，股價上升；政府的可扣抵稅額愈抽愈多，並且實施股利課徵健保補充費（註 2）政策，都導致殖利率愈降愈低。

儘管股利沒能按照預期速度累積讓我相當沮喪，但總得想辦法改善，尤其 2018 年又多了房貸負擔，想要提升股利，就得調整策略。當時台股大盤已經漲到萬點之上，每天成交量都在新台幣 1,000 億元上下，按照歷史經驗，似乎已經有過熱風險。

註 1：可扣抵稅額：過去台灣實施兩稅合一制度，公司若要將盈餘配給股東，會先繳納營利事業所得稅後再配發，當時為避免重複課稅，股東只需按個人綜合所得稅率繳稅，政府會將公司已繳的營所稅退還給股東，即所謂的可扣抵稅額。2014 年稅制更改，2015 年起實施可扣抵稅額減半。2018 年再實施股利課稅新制，股東可自行選擇「以 28% 稅率分開計稅」，或「股利計入所得，並按 8.5% 比率計算可抵減稅額，最多以 8 萬元為限」。

註 2：健保補充費：2013 年開始實施健保補充費，單次股利所得超過新台幣 5,000 元需按 2% 費率課徵；2016 年起調整為單次股利所得 2 萬元以上按 1.91% 費率課徵；2021 年起費率調升為 2.11%。

回顧歷史，台股從 1997 年開始，每碰到萬點大關就會反轉下跌，所以萬點長期以來被市場視為台股天花板；2017 年台股上萬點後，即使持續買入股票，我的心情仍是戰戰兢兢。

直到 2019 年即將進入除權息旺季之際，我發現台股維持萬點上下已經有 2 年的時間，儘管 2018 年 10 月曾經跌破萬點，卻也很快在 4 個月後又成功站回。台股維持在萬點附近遲遲不墜，我意識到這個位置明顯不是天花板，而是應該變成地板了。於是我在 2019 年第 3 季大盤 1 萬 500 點的時候，開始大量買入股票。

此時我調整了選股策略，若要加碼我早期存的股票，因為股價已經漲了一大波，殖利率很難有 5% 以上的水準；為了顧及殖利率，原本不買電子股和金融股的我也開始買這兩大類股。

為了降低個股的個別風險，我採取的是「買產業不買個股」的原則。我選出了 3 大產業：電子代工製造商產業、電子通路及代理商產業、金融業，這 3 類都是相對成熟，且殖利率也相對高的產業。我不是在每個產業挑一家買，而是一次買入該產業多家公司，不論它們彼此如何競爭，我都能享有該產業的整體獲利分配成果：

1. 電子代工製造商：台股當中的電子代工產業相當成熟，因此我同時持有電子代工製造大廠仁寶、廣達（2382）、英業達（2356）的股票。客戶不管如何轉單換製造商，我都是這些重要製造商的股東，都能享受到這些生意帶來的好處。

2. 電子通路及代理商產業：我同時持有大聯大（3702）、聯強（2347）、豐藝（6189）、文曄（3036）、崇越電（3388）、華立（3010）等電子通路及代理商的股票，只要台灣還是世界電子產品製造大國，這些公司就會持續運作，替我賺錢。

3. 金融業：金融業在每個國家都具有高度重要性，但為了避免單一公司出包，我分散買入多家個股，包括官股銀行第一金（2891）、合庫金（5880）、兆豐金（2886）、彰銀（2801）；大型金控如富邦金（2881）、國泰金（2882）；民營銀行如中信金（2891）、玉山金（2884）、臺企銀（2834）……等，有名聲、有營收能力的，我都各買一些。

看到這裡應該不難知道，我不是靠特殊方法選出飆股，也不是靠著準確抓住產業輪動上漲、低買高賣，達到資產成長的目的；我的策略很單純，就是「分散持有績優公司股票」，參與這些公司的經營成果，並且每年領取它們分配的獲利。

時間》隨著存股年數增長，股利愈領愈多

「時間」也可以說是決定存股成敗的關鍵。剛開始，一年 5% 的殖利率，當然怎麼看都覺得好少。可是當存了 10 年以上，股票資本增加，開始發現累積領到的股利，也快要超越投入資本的一半了。存股資產隨著時間而增加，股利也隨著每年的發放逐漸累積；只要公司繼續經營賺錢，身為股東就能一直坐享其成。

從 2020 年年初～截至 2021 年 5 月，因為新冠肺炎（COVID-19）疫情，世界各大國為了挽救經濟，紛紛持續或是擴大寬鬆貨幣政策，市場流竄的錢變多、借款利息降低；愈來愈多人都想把錢轉換為資產，自然促使資產帳面價格上漲，大盤指數不斷上升，股票、房地產的價格都出現大幅度上漲。時間改變了市場樣貌，不變的是持有資產的人，其身價成長的幅度，明顯超過只持有現金的人。

資金的持續投入和長時間的複利，讓我股利愈領愈多，我認為這是讓我在財務方面站穩腳步的因素。站穩了腳步，才能開

始研究後來的活化資產與金融槓桿策略。

會選擇以活化資產及使用金融槓桿來擴大資產，是因為我發現到一個道理——天底下沒有那麼容易的事情，沒有一個通則和方法來應付瞬息萬變的股票市場。市場唯一不變的，就是不斷地在改變。

進一步運用股票質押借款活化資產

近年各國市場資金氾濫，資金都在尋找可以產出穩定獲利的標的，股票價格也自然被推升，這使得現在的存股族更難找到高殖利率的存股標的。

例如，我的存股名單內有一檔大台北，負責供應大台北地區的天然氣供應。天然氣是民生必需品，加上國家特許獨占行業，無競爭者，簡直就是保守存股者的夢幻標的。2010年時，大台北股價 20 元左右，可以產出 1 年 1 元的現金股利，殖利率 5%。2018 年到 2021 年，公司發放的股利微幅增加到每股 1.1 元（詳見表 2），增加了 10%，但是以 2021 年來看，股價卻已經上漲來到 33 元～ 34 元的價位，殖利率只剩下 3.2% ～ 3.3%。

由此例可以看出，尋求穩定報酬資產的市場買盤，推升了有穩定獲利能力的股票價格；整體市場的股價變高、殖利率下降。我發現，即使我開始買進相對高殖利率的金融股和電子股，也很難大幅提升被動收入，也因此我在 2019 年大舉買入高殖利率股之後，決定活化資產，以「股票質押借款」的槓桿手段來增加股票投資收入。

金融市場的運作，其實就是在比較誰的資金使用效率比較高。你把錢放在銀行定存，銀行左手付你不到 1% 的利息，右手拿你定存本金去借給別人，收取更高利率的利息賺取利差。

然而，我把錢拿去買股票，領取每年殖利率 3% 至 5% 的股利，股票卻放在券商戶頭裡面「發呆」，實在可惜。而我用股票質押借出額外的資金，再拿去投資，可以讓這些發呆的股票為我帶來更多收入！

2019 年下半年，我開始執行活化資產的計畫，用股票質押借出約 700 萬元，買入當時股價約 250 元左右的台積電（2330）。台積電的殖利率不高，但是現金股利卻剛好可以用來繳股票質押的利息；而且台積電在晶圓製造業具備領先優勢，成長趨勢明顯，股價成長可期，我可以專注獲取台積電的

表2 大台北現金股利穩定，殖利率卻持續下降
——大台北（9908）現金股利及現金殖利率

發放年度	現金股利（元）	年均殖利率（%）
2011	1.0	5.57
2012	1.0	5.19
2013	1.0	4.57
2014	1.0	4.24
2015	1.0	4.38
2016	1.0	4.28
2017	1.0	3.96
2018	1.1	3.94
2019	1.1	3.69
2020	1.1	3.53
2021	1.1	3.28

註：年均殖利率以當年股票均價及當年發放現金股利計算
資料來源：Goodinfo! 台灣股市資訊網

價差獲利。

另外，我在 2018 年買的法拍屋，因 2020 年 COVID-19 疫情導致的市場資金氾濫、房貸利率降低，房價也出現增長；我也順勢用這間房子再增貸了 600 萬元，全數投入台積電這檔股票。

截至 2021 年 5 月，我持有 45 張台積電，平均成本 339 元。2021 年 1 月，台積電股價來到 600 元，這個價位已經夠我償還所有借款的債務了，但是我打算繼續持有，觀察台積電是否會出現對手，再決定這些股票的去留。

一開始存股時，我就在部落格「喬飛的生活日誌」記錄存股的心得，當時沒什麼人存股，理財達人也很少，2011 年 8 月《Smart 智富》月刊因看到我的部落格而來採訪；當時的報導裡，有寫出我計畫在 2015 年拚到年領百萬股利。雖然比預期晚了 4 年，但我終究達成了目標，於是 2020 年 11 月我又再度接受專訪，登上《Smart 智富》月刊的封面故事。

靠存股實現財富自由，除了前述提到的本業收入、選股、時間這 3 大關鍵，我認為擬定明確的目標與計畫，也是不可或缺的。

我從開始存股時，就設計了總資產表、歷年股利表等 Excel 表格做記錄，並為未來做出具體規畫。儘管計畫曾不如預期，也一度使我氣餒，但我始終有信心能夠做到。接下來的篇章，我會仔細分享成功存股者應該具備的思考方法及執行方式。

永遠看多不看空 靠「傻多投資法」長期獲利

傻多是一個想要在股市投資，卻什麼都不懂的人。傻多不懂什麼技術分析，也不懂什麼財務報表。傻多知道只要低價買進股票，高價賣出就能夠賺到錢，但是不知道為什麼，每次買進股票之後股價就下跌，賣出股票之後就開始漲。

傻多決定多看書增加財務知識，於是開始買書買雜誌，所以傻多知道股票價格下跌時債券價格會上升，股票價格上升時債券價格會下跌；也知道通膨的時候黃金會上漲，買外幣定存可以賺定存利息，但也要懂得低買高賣才會賺錢。傻多學買基金、買黃金、買債券、買外幣、買股票，什麼都學什麼都買。

結果呢？傻多從 2000 年努力投資到 2008 年，最後在 2008 年金融海嘯的時候，竟然出現「-65%」的未實現損益。從學校畢業努力了快 10 年，結果是 100 元只剩下 35 元。

檢視身上的各種投資工具，只有剩下買股票領股利的那部分沒有賠錢。

於是傻多只留下唯一有賺錢的方法，這方法就是「存股票」，反正其他方法學不會，不如全部放棄。

從 2009 年一直到 2020 年，傻多每天都很努力工作賺錢，除了平常的生活支出和緊急預備金，其他的錢都會買進股票來存。於是股票種類愈買愈多，金額也愈存愈多；總資產數字每年都有增加，終於感覺做對事情了。

傻多在這麼多年來一共存了大約 60 檔股票，雖然有少數幾檔股票好像長時間是負報酬或沒賺沒賠，可是大部分股票都是賺錢的。股票帳面總金額有時候高有時候低，到底當初買進的成本多少錢？傻多也沒有天天計算；總之有錢就存股票，每年記錄總資產，也記下股利領多少，看到總資產年年增長，發現投資這條路既簡單又充實。

傻多就是我本人，我相信股市會一直傻傻地走多頭，因為我知道世界經濟會持續進步，只要買進股票之後長期持有，一定會賺錢。所以我把這樣的投資方法稱之為「傻多投資法」。

盡可能將貨幣轉為資產，才能抵抗通膨

若你不相信股市會長期往上，只要調出過去的大盤走勢就知道了（詳見圖 1、圖 2）。以台股為例，最早掛牌的股票不到 100 檔，如今有上千檔，隨著經濟發展，眾多公司賺的錢加總起來愈來愈多，市值愈來愈高，就會推動大盤長期向上。

要賺錢，先要了解這個社會的金錢是如何運作的。我想分享一位美國投資作家邁克・馬隆尼（Mike Maloney）的 YouTube 頻道當中，一部累積觀看次數超過 800 萬次的影片，名稱是《人類史上最大騙局——金錢的祕密》（註 1）。

這段影片清楚描述了貨幣系統的運作方法，大意是說，貨幣是由銀行體系利用信用所創造出來的；政府印鈔票的速度，遠不及銀行利用信用所產出的貨幣數量。

當你向建商買一間 1,000 萬元的房子，只需要準備 3 成頭

註 1：The Biggest Scam In The History Of Mankind - Hidden Secrets of Money Ep 4，觀看網址為「https://www.youtube.com/watch?v=iFDe5kUUyT0」。

期款 300 萬元，剩下的 700 萬元，銀行會幫你創造出來交給建商。被創造出來的錢愈來愈多，但是資產通常是有限的，過多的貨幣追逐有限的資產，就會造成物價及資產價格的上漲，這種現象就是所謂的通貨膨脹。

當房子的價格從 1,000 萬元漲到了 2,000 萬元，同社區的房價就會跟上，整個社區的價值就突然變成每間房子價值 2,000 萬元。此時屋主還可以向銀行增貸，或是買第 2 間房子……同樣的循環不斷重複，推升資產價格愈來愈高，我們每天工作賺錢的速度，也始終比不上通膨、資產漲價的速度。

這也是為什麼政府不會讓房價崩盤，如果房價崩盤，購屋者發現持有房子會貶值，可能會不願意償還貸款；房地產業者賣不出房子，沒辦法還錢給銀行，銀行就會出現愈來愈多呆帳，銀行體系也可能會因此倒閉；大家發現銀行紛紛倒閉就會去銀行擠兌，造成中央銀行的壓力，最後使貨幣系統崩潰。

回到這部影片所介紹的貨幣運作系統，你我都只是這個金錢遊戲體制下，在鈔票池子裡面努力工作、努力挖錢的小工人；大家挖錢的速度，遠比銀行噴鈔票到這池子裡面的速度慢太多了。我們小老百姓唯一能做的，就是想辦法挖錢挖快一點。有

圖1 台股大盤長期走勢向上
——台灣加權股價指數歷史走勢
18,582.3
15,585.1
12,588.0
9,590.9
6,593.7
3,596.6
599.4
指數
1987 '90 '93 '96 '99 2002 '05 '08 '11 '14 '17 '20
註：資料期間為 1987.01 ～ 2021.04
資料來源：XQ 全球贏家
圖2 美股長期為多頭趨勢
——美國S&P 500指數歷史走勢
5,000
4,000
3,000
2,000
1,000
0
指數
1987 '90 '93 '96 '99 2002 '05 '08 '11 '14 '17 '20
註：資料期間為 1987.01 ～ 2021.04
資料來源：Yahoo Finance

人開公司當老闆，僱用工人挖錢；有人當包租公，靠別人的勞力替自己還錢給銀行；有人當銀行股東，當銀行賺錢的時候也可以坐享其成。

既然整個貨幣系統是這樣運作，通貨持續膨脹，股票、房地產等資產的價格也會永遠往上；所以只有盡可能將貨幣轉換為資產，加入擁有資產的一方，再用信用擴張加快擁有更多資產的速度，才有能力抵抗通膨。當銀行可以自動噴錢到我們的銀行帳戶，我們就可以擺脫每天在池子邊挖鈔票的日子。

4 方法防止黑天鵝事件擾亂投資計畫

雖然股票市場長期往上，但是每隔一陣子就會出現黑天鵝事件來擾亂市場，這也是投資人必須面對的重大考驗。此時最怕的是存股信心不足，在低點砍股票，股市復甦後又不敢買，只得再從頭來過。

我第 1 次碰到黑天鵝事件是 2008 年的金融海嘯，當時經過股票帳面報酬負 65% 的洗禮，所以後來對於歐債危機、美中貿易戰等所造成帳面報酬負 20% 甚至負 30%，已經沒什麼特別感覺。在最近一次安然度過 2020 年 COVID-19 疫情導致的股災之後，讓我又更確定自己使用了正確的投資方式。

如果你剛開始投資，又想像我一樣用傻多心態投資股市，一遇到股災崩盤，看到帳面損失擴大，難免會動搖而想恐慌殺出。為了避免在最壞的時候做出錯誤決定，就得靠一些方法來度過黑天鵝危機。根據我以往度過股災的經驗，我認為以下幾項重點很適合分享給你：

1. 持續記錄股利金額，減輕心理壓力

剛開始存股，多多少少會在乎買進之後的股價漲跌，尤其股災造成的大跌，定會感到自己是賺了股利賠了價差。其實黑天鵝來臨時，好股爛股會全部一起跌，這時候反而最不需要擔心；因為只要所投資的公司一直正當經營事業賺到錢，身為股東還是有錢可以領。

既然要長期存股，我最在意的就是未來所能領到的股利。像我每年都會記錄領到多少股利，並且計算每年的股票總資產當中，有多少錢是由股利貢獻的。從 2011 ～ 2020 年，一共投入約 1,400 萬元，股票市值已達 3,000 萬元，其中股利貢獻的金額，就占了 650 萬元！我再怎麼嘗試低買高賣，想必都很難賺到比 650 萬元更高的金額。

所以，我一直很鼓勵存股投資人，可以定期記錄股利和總資產的變化，你會發現累積領到的股利對於資產的成長有很大的貢獻；碰到市場轉壞時，對於心理壓力的解除很有幫助。只要堅持存股的信念，就能安然撐過崩盤時期。

2. 分散配置不同產業的個股

市場上有各種存股門派，有人喜歡存金融股，有人喜歡存元大台灣 50（0050），有人擅長挑選成長股，而我選擇的是分散配置我喜歡的產業，其中又以 7 大產業為主，包括公共事業、電子、傳產、金融、食品、電信、保全業。

這樣的投資組合在大盤上漲的時候，金融、電子類股漲幅高；下跌的時候，靠穩健、有穩定股利的民生類股支撐，所以整體的波動度還算穩定。例如 2020 年的大跌，我持有的台灣電信業龍頭中華電（2412）、台北市天然氣供應業者大台北（9908）、台灣保全業龍頭中保科（9917）等民生類股的跌幅，相對於金融及電子族群來說要小很多，讓我的整體投資組合不至於出現太深的跌幅。

每種產業的資產都買，投資組合波動度不至於大起大落，有助於心情穩定，這點我認為自己做得還不錯。

3. 留有部分資金以利崩盤時加碼

我以前為了盡可能累積股票，一有資金就會全數投入買股；不過 2020 年的崩盤來得又急又快，在崩跌初期我就沒有節制地快速加碼，導致跌最深的時候已經沒有現金可以調度，是我認為最需要再改進的地方。

接下來，我打算預留大約 20% 的資金，未來若再發生同樣的事情，則會把資金分成 3 ～ 5 份，股價每跌 20% 加碼一份資金，以把握在低檔加碼的良機。

4. 確保通過嚴格壓力測試再使用槓桿

我在 2019 年開始進行的股票質押借款，是以股票為抵押品向銀行借貸；一旦質押的股票市值下跌到銀行規定的維持率以下，就要補繳錢給銀行（詳見 5-4）；若是繳不出錢，最糟的狀況是面臨斷頭危機（銀行強制將股票賣出），被迫在最壞的時候認賠賣股。

因為秉持著資產活化的態度去質押，所以我的質押借款比率僅有 3 成（意思是每質押 100 萬元股票，只借出 30 萬元）。雖然 2020 年初因為股市愈漲愈高，讓我一度想增加貸款成數，但我很明白過度借貸是一種賭博，活化資產必須遵守少量借貸的原則，所以一番天人交戰之後還是決定不加碼。幸好懸崖勒馬，否則就會遇到農曆春節後的崩盤，並且面臨龐大的資金壓力和心理壓力。在我只質押 3 成的狀態下，就算所質押的股票價格腰斬，也都不會面臨補繳的問題。

活化資產就是一種槓桿操作，天堂和地獄只在一念之間，如果你也打算進行槓桿操作，務必計算清楚自己所能承受的極限再做決定。

1-3 拋棄舊有教育思維 催生「自由世代」

我在 2011 年時到中國的分公司長駐 3 年，某一天我一如往常地搭乘公司的交通車準備進工廠上班；那日天色陰暗，分不清是陰天還是霧霾；排隊等著駛進加工出口區的車輛很多，有遊覽車，有貨櫃車，有人騎電瓶車，也有許多步行的員工，人車絡繹不絕。

看著車窗外的景象，我突然感覺到自己就像工廠生產線上的原料，正準備送進工廠裡加工；一車一車原料送進工廠，一車一車成品運送出去，鈔票就源源不絕進入老闆和股東口袋。

我不禁感嘆，父母這樣養我栽培我，我卻日復一日過著像工廠生產線的生活，只有週末或休假時才能過屬於自己的日子。

當時中國的分公司有和一些中國的學校合作，希望學生畢業之後可以直接到公司上班，這樣公司可以快速找到工人。也許對於公司而言，學校就是快速訓練工人的地方，讓學生畢業之後能趕快進公司當個小螺絲釘，維持社會機器的運作。

規畫好老後生活，避免下一代成為三明治族

其實台灣早期在經濟起飛的時代也有類似的機制，例如由台塑（1301）企業設立的明志工專，學生畢業後也很容易進入台塑關係企業上班（如今明志工專已升格為明志科技大學，而其學生畢業後不見得有台塑關係企業的工作可以做）。

我們父母那一代，如果是出生在 1950 年前後，從小到大就會經歷到台灣從農業社會轉型到工業社會的時代。對他們而言，唯有把書讀好、升學，出社會才能進大公司找到好工作賺大錢，有錢之後才能有美好的人生。所以父母們莫不以孩子獲得高學歷、到知名公司工作為榮。

對於父母來說，培養一個品學兼優的孩子，看著孩子一路讀到台清交，畢業後再進入台灣的大型科技公司，領著 200 萬元的年收入，大概就算是教育成功了。然而，孩子進大公司工作後，未來的前途真的一片光明嗎？

我曾在台灣 PTT 論壇的科技業版看過一篇文章，有一位大型科技公司的員工分享了入職以來的真實心情，簡單節錄如下：

「進公司一陣子後終於要開始帶貨，開始了每天悲慘的循環。早上長官花 2 小時 review（檢討）為什麼 lot（一批貨）跑這麼慢，一有新的想法，就多了 2 批實驗貨要帶。」

「週末一天被 call 4 次是正常，每次都要進公司處理，生活品質完全消失殆盡，昨天半夜也從桃園殺回台中處理貨，開車開到快哭出來，帶貨都在處理鳥事，PMD（工作績效自評表）又不好寫，老闆只會覺得你帶出來是應該，有任何問題都是你的錯。想法也變很負面，看到陽台只想跳下去結束這一切，但想想，幾乎大部分的人都有帶貨，難道是我太沒抗壓能力？」

父母花了大筆的資源讓小孩獲得高等教育，進了台灣一流企業，小孩居然出現自我了斷的想法，這中間哪裡出了問題？

以前我們父母生活在農業社會，學歷普遍不高。隨著工業化發展，如果本身條件無法融入工業社會，很容易變成社會當中的弱勢階層。所以那個年代的父母，盡可能把資源投入在孩子身上，培養孩子讀書、到海外留學，期望孩子未來有好的工作，

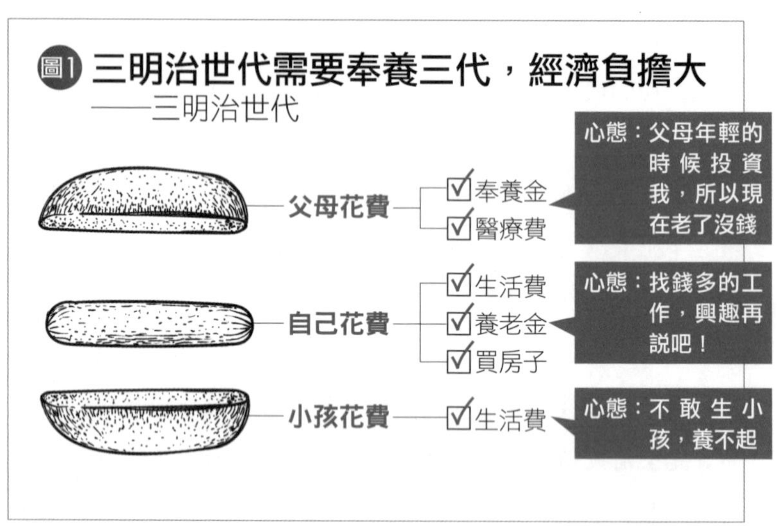

可以賺到豐厚的收入。

在這種期望下生長的孩子，長大後很容易成為「三明治世代」（詳見圖 1），因為父母對孩子傾其所有，身邊沒有留下什麼存款或資產，勢必得靠孩子奉養；而如今，高學歷不等於高收入、通膨超越加薪速度，孩子得籌措自己的生活費、買房、準備養老金，還要給父母生活費、照顧父母的老年生活。沒錢的家庭不敢生小孩，有小孩的家庭每天背負著責任，過著辛苦的生活；談到投資，第 1 個反應就是「我有小孩要養，小孩要補習、要上安親班，哪有剩下錢可以投資？」

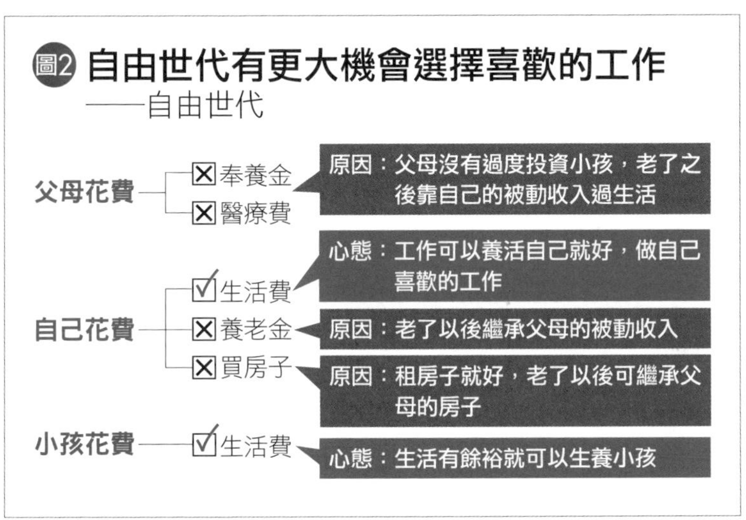

如果你就是三明治世代，也打算繼續複製父母過去養兒育女的經驗嗎？其實，如果同樣把大量資源投入在小孩身上，在產學尚無法有效銜接的台灣社會，小孩長大拿到文憑後不見得能夠找到工作；找到的工作，還不見得可以長久做下去。以後老了，小孩子也不見得養得起自己。

因此，如果資源有限，還不如換個思維，留住一些資源給自己，學好投資，把自己老年生活規畫好；老了之後靠被動收入養活自己，你的孩子將有機會成為「自由世代」（詳見圖2）。孩子長大後，不必負擔你的生活費，可以做自己喜歡的工作養活自己，老了以後也可以繼承你的被動收入度過晚年。

這樣一來，你就不用擔心孩子沒有顯赫學歷，也不必要求他們一定要考到多好的學校；讓他們適性發展，多方面接觸各種人事物，發掘自己的才能與興趣，做自己喜歡且適性的工作，或許小孩能發展得比你想像中還要好！

文章最後想分享我很喜歡的一段專訪，知名舞台劇團屏風表演班創辦人李國修與妻子王月，在接受《年代新聞》電視專訪時談到教育小孩的理念，題目是「我就是要你功課爛」。李國修說自己小時候的成績不好，但是父親只要求他擁有良好的品行，不要求他的成績，讓他得以度過快樂的童年。他們認為，「教育」只要給孩子3樣東西：想像力、幽默感還有愛；而「孩子，我要你贏在起跑點」這種觀念，常常是父母自己做不到，想要託付給孩子完成心願的補償心理；在孩子的童年就施加這麼重的壓力，未必能為孩子帶來美好的人生。

當然，教育並不是一個簡單的議題，如果你正在為是否要花錢投資孩子的才藝與課業而煩惱，希望這篇文章可以為你帶來另一種思考方向。

1-4 設定投資目標是開始賺錢的關鍵轉捩點

2020 年下半年以來，資金狂潮帶動的台股大漲，讓愈來愈多新手前仆後繼湧進股市。高中生、大學生買股票時有所聞，社群網路上甚至流傳著「小學生看盤」的奇妙畫面。看著股市新手們的買股心得分享，有人因為買到主流傳產股，短時間獲利 50%、100% 大有人在，但也有人照樣賠錢。

我不禁想起自己剛投資的時候，什麼都想學，什麼都試著投資；遇到多頭市場也常常賺錢，但是每一筆也頂多只賺幾千、幾萬元，一不小心又「憑實力」虧回去。

有了明確目標，就會做出具體行為

但是在我轉換投資的思考態度之後，一切都變得不一樣了。第 1 個關鍵，是我選定了唯一可以讓我賺到錢的投資方法——

存股；另一個關鍵，是我開始設定明確的投資目標。

回想當年設定投資目標時，我正好看完了一本暢銷書《祕密》，並在 2010 年於新浪部落寫了一篇名為〈祕密讀後感〉的文章，我在文章中許下要提前退休的目標；事隔 10 年，我的目標實現了。先來分享當時寫的這篇文章：

和大家分享一本書，叫做《祕密》。之所以會看這本書，是因為有新聞說有人看了這本書中了樂透！「真有這麼好的事情？」我當下的反應是這樣。看完之後，我認為這本書在介紹幾個東西：

1. 吸引力法則：我們腦袋一直想不好的東西，一直有負面情緒，那就會吸引一些不好的東西，倒楣的事情過來。所以保持樂觀正面，相信我們要的東西它就會找個時間出現在我們面前。

2. 心想事成的方法是「要求→相信→接收」。比如我們想要什麼，只要腦袋先想要什麼，列出來，然後相信它，幻想自己已經擁有；接下來就是等宇宙將東西送到我們面前。

我覺得這本書可以用來說明一些無法解釋的生活狀況。比如有時候覺得今天超幸運的，有時候覺得整天都很倒楣做什麼事都不順。這屬於超自然的範疇，相信的人可以看看，不相信的人可以當作笑話。

我個人覺得有些情況可以用來解釋「心想事成」。

以我來當例子，我其實一直在想我要如何提早退休，如何不要工作到 65 歲的時候才退休；這個念頭從 2006 年開始出現，到現在大概已經有 4 年了，這 4 年我其實一直在想要如何達成。一開始我當然和目前很多人一樣，覺得那是遙遠的夢想，不知道何時可以實現。但是這 4 年經過許多事情，我愈來愈相信我有可能在 42 歲的時候實現。

我只要有閒暇的時間，大部分都在思考這個問題。思考事情是我的習慣，沒事情做的時候我也很少發呆或放空我的腦袋。當我們常常想事情的時候，大腦一直被我刺激，三不五時就會跳出一些新點子，或是新的想法出來，這可以稱做「神來一筆」、「靈感」。這些新想法對於實現自己的目標有時候是有幫助的，有時候繼續想卻還是沒結論。這些沒結論的想法看似無用，過一陣子反而又有新想法和它配合，而產出一個全新的想法。

聽起來很拗口，其實就是不斷累積以及研究自己腦袋中的知識。這點在書中也有講到，不要放過自己突然產生的新想法。當我們有一個目標出現，只要目標太大、超過人的思考範圍，人往往會認為無法實現而自動放棄。小的目標比如口渴，我們知道如何去找水喝，於是一下便完成了目標。所以目標能不能實現，問題的關鍵就是人知不知道如何去做。

而這本書提供一個方法，就是要我們相信自己可以做到，然後幻想自己已經達成這個目標，最後等待某個時間這個目標自動出現在我們面前。

以科學的方面來解釋，就是當我們有目標之後，我們開始幻想自己已經達成目標要做什麼。比如想要一輛雙 B 跑車，而且我們已經幻想並相信自己擁有了。我們擁有雙 B 之後，應該會去加入個雙 B 車友俱樂部，研究一下怎麼改車，怎麼保養，要注意車子什麼東西等等。這些行為都會帶來一些意外的收穫和機會，造成我們有機會達成目標。

舉個例子，比如當加入雙 B 車友俱樂部之後，和某些有錢車友成為好朋友，然後有錢車友花錢如流水換車如換衣，意外的讓我們以超低價得到一輛狀況很不錯的雙 B 二手車！所以當我們相信這個幻想，做出來的行為，實際上就已經將空想付諸行動，然後等待機會。書中所說的「要求、相信、接收」，我想就是這個道理，也和我目前生活的經驗不謀而合。

很多事情我們想做，但是不知道要怎麼做。這本書提供了一個大致的方向。我不敢說每個人照書中說的去做一定會成功，因為我認為有些地方需要修正。但是我依然相信只要我們相信並且去做，一定比那些沒有看過這本書的人強很多。

以上的文章是我 2010 年的想法，10 年後，我 45 歲，如願以償地提前退休了，雖然比當初期望的 42 歲晚了 3 年，但是現在也確實達到當初設定的財富自由目標。所以我認為心想事成是有可能實現的，只要我們一直記得這個目標並不斷往前走；有時候走得慢，有時候走得快，但是一定會走到成功的目的地。

再聊聊另一個實際例子。我以前很熱中飼養觀賞魚，常常在網路論壇和養魚的同好交流彼此的經驗，因此認識了一位很聊得來的網友（以下簡稱 A 先生）。

A 先生大學畢業之後，因為大學學歷已經不稀奇，他個人在能力上也沒有什麼特殊表現，所以換了不少公司。我們認識時，他正在一家小公司擔任企畫的工作，而他對於我在所謂「高科技電子公司擔任 RD（研發工程師）」非常羨慕。後來 A 先生任職的公司因為營運上出現問題，遭遇人力縮編而被資遣，我就跟他分享了我來到這家公司擔任 RD 的契機和過去的求職過程。

A 先生知道我的經歷之後，也參考我的做法，拿了非自願離職證明書，去青輔會（行政院青年輔導委員會，2013 年起已改制為教育部青年發展署）參加電腦技術的職業訓練。經過 8 個月訓練結業之後，到了一家電視台擔任 MIS（Management Information System）；1 年多之後，我們公司剛好部門擴張需要新血加入，我便引薦他來面試。

因為 A 先生具備了相關資歷和能力，很順利地應徵上我們公司（為什麼 A 先生的運氣這麼好？我花費了多少精力和 4 年的時間才到這家公司，他居然 1 年多就到達了！）

這是不是很神奇？ A 先生從沒有特殊技能的普通上班族，轉眼之間拿到了當年他認為很棒的工作，這不就是心想事成，美夢成真的實例？

A 先生在我們公司工作 8 年之後，年薪也突破百萬元大關。你以為這些都是運氣好？其實一樣的工作內容、一樣的工作必備能力、條件、薪水、工作環境，到現在 2021 年還是一樣有需求，一樣在 PTT 上面張貼著徵才文章。然而有勇氣脫離目前舒適圈，朝未來未知目標去努力的人又有多少？所以，朝目標去做，當機會來臨，準備好了，把握住這個機會就可以成功改變現狀。

我和 A 先生成了同公司的同事之後，又有更多機會交流，我常常跟他分享我對理財的思考方法和投資邏輯；相信無形中我對他的理財方式也有一些影響力；據我所知，他也參考我的方法，訂出專屬於他自己的投資計畫。

A 先生現在有兩個小孩，老婆是全職主婦，專心在家育兒。他正在規畫 9 年後可以還清房貸，到時候被動收入將能有個 30 幾萬元，然後自己找個輕鬆一點、準時上下班的工作，月薪或許不高，但他規畫的主動收入加上被動收入 1 年將會接近 100 萬元。

我是學理工出身，與其說相信運氣，我更相信科學。我認為「祕密」的力量其實是一種科學的展現，因為有了目標，就會做出具體的行為，自然而然朝著目標前進。

偏財難守，正財才能恆久遠

我常常去新北市中和區的烘爐地土地公廟拜拜，幾乎每次都會在天公爐前，祈求人生凡事順利、身體健康；在主殿，則祈求正財（工作與存股投資）的順利和成長。以前有一段時間，我還會在後殿祈求偏財降臨，例如股票大賺一筆或是中樂透大獎，讓我可以賺到更多錢，這樣就能滿足平時極力克制的物質欲望，感覺我的人生會因為這些偏財，變得更完美。

過了好多年，我才領悟到，人生的財務狀況要得到長久的改善，一定是靠正財。偏財其實就是天外飛來一筆財富，沒有靠自己努力，就平白無故地出現了；這種不勞而獲的財富，不是（也不應該）用來改善我們的人生。人生的財務狀況，很難靠著不斷出現的偏財而得到改善。看看國外就有許多例子，中了樂透頭獎之後，因為不懂理財、胡亂揮霍，短短幾年就花光殆盡，更慘的是家人為了爭奪財富而家庭破碎。

曾獲得諾貝爾經濟學獎、著有《不當行為》的行為金融學家理察·塞勒（Richard Thaler），就曾提出「心理帳戶」（Mental

Accounting）概念來解釋，為什麼人們會做出不理性的金融決策。他指出，雖然同樣都是金錢，但是人類心中會自己設定不同的「心理帳戶」，為不同心理帳戶的金錢賦予不同的意義和用途；因此我們總是傾向謹慎使用辛苦賺來的薪水，而不費吹灰之力就獲得的意外之財，也會毫不費力地消失。

我常常在想，如果偏財很難留得住，那麼到底該怎麼去看待它？就我的經驗，我認為我人生中的偏財，都是用來抵銷人生旅途中遇到的負能量。有句話說「錢能解決的問題，都不是問題。」我覺得應該解釋成：「偏財可以用來解決這些看起來不是問題的問題。」

舉個自己的例子。有一次我將車子停在路邊一個建築工地旁，取車的時候發現有水泥塊掉到我車上，砸出一個凹痕。我去找了工地主任反映，而因為工地有「鄰損基金」，我也因此得到 2,000 元賠償金。當年外廠（非原車廠的保養廠）烤漆大概是這個價位，因為凹洞不大也沒掉漆，於是我也接受了這個協議。

隔天我開車上班，途中一時精神不濟，下交流道的時候慢速追撞了前車。雖然沒有造成嚴重的損壞，對方開的又是一輛中古車，但是他車子的保險桿掉漆了，我還是得處理。當時正是上班尖峰時間，我向對方提議，車子擋在路上妨礙交通，如果沒有要請警察處理，不如我當場賠錢，就當作修車費？對方想了一下說，「2,000 元吧！」我於是就把昨天工地主任賠我的 2,000 元鈔票交給了對方車主，化解了這個糾紛。我心中暗自大笑，錢怎麼來怎麼去，還真巧！

另一個事件是 2018 年被動元件股飆漲那段期間，我有朋友在被動元件代理商當業務，聊天時聽他提到被動元件因為原廠缺貨而漲價的情形。當時台灣剛剛經歷「衛生紙之亂」，消費者為了搶購衛生紙囤積，造成一時洛陽紙貴。我發現不管是衛生紙或被動元件，一旦缺貨，都會導致漲價的現象。一個不起眼的被動元件，漲價之後竟出現成千上百的漲幅，原本價格可能是 0.01 元變成 1 元甚至 10 元。當時我判斷這波被動元件的漲價是市場供需不平衡的現象，相關個股的上漲也不全然是炒作，因此我拿出一筆錢參與的當時的行情，賺了大約 60 萬元。同時我也把虧損多年的四維航（5608）賣掉，實現將近 20 萬元的虧損，兩兩相抵，最後總獲利是 40 萬元。

就在同一年，我買進一間法拍屋自住。對很多人來說，法拍屋的缺點是不能先看屋，無法掌握裡面的屋況。但這一點我正好不在意，因為在決定標下這間法拍屋之前，我和女友已經多次實地查訪法拍屋所在的社區，發現社區管理相當良好；就算屋況很糟，但因為我買的法拍屋價格是市價的 8 成多，這個差額夠讓我來整修房子了。要是用周邊市價買中古屋，還得多花一筆錢整修；而我買法拍屋加上整修的價格，大約相當於周邊的中古屋市價，因此我覺得這筆交易相當划算。

房屋點交之後，屋況果然不好，最大的問題包括了地板被墊高、廁所移位、隔間牆拆除、漏水到樓下等等。其中，廁所移位和地板墊高，我都要恢復原狀；而在開始施工後，裝修師傅天天敲地板，打擾到鄰居，我就被鄰居向政府舉報沒有申請室內裝修。為了符合法規要求，我請來建築師會勘，又找了設計師修改了原有的設計。當然還得處理漏水到樓下鄰居家的問題、負責修繕鄰居家的室內裝潢等，拖延了幾個月才完工。我把多花的金錢算一算，剛好差不多是 40 萬元。

從以上這兩件事情，我頓悟到這些都是可以用錢解決的；而且原本看起來是損失的金錢，都是從我的「偏財」支付的。我也曾經在事情發生時向老天爺抱怨，為什麼會遇到這種事情、為什麼我非得要多花這筆錢？仔細想想，老天爺其實早就從其他地方先給我這筆錢了！不管是車子被意外砸傷拿到的賠償金，還是身為存股者卻靠著賺價差取得獲利，對我來說都是「偏財」。偏財原本就不屬於自己，突然的出現，也多半會突然消失。

想通這個道理之後，往後我到烘爐地土地公廟的後殿，會改為祈求土地公讓我未來的人生，能少遇到一些負能量；就算遇到，也能用偏財去弭平這些小災難，讓我的人生可以更順利。

投資的道路也是一樣。一定要搞清楚現在的投資行為是在賭博賺偏財，還是累積正能量在賺正財。如果賺的是正財，肯定能賺得長長久久；如果賺的是偏財，那麼在達成某個目的之後就要及時收手。

當然我也不否認，有少數投資高手就是專精於低買高賣賺短線價差，但是他肯定有豐厚的知識與策略，才有辦法長存於股市，賺得長長久久，這對他而言就是正財。最怕的是每天在股市賺一些快錢，毫無章法和策略，就做起賺大錢的美夢；殊不知有賺錢都只是幸運得來的偏財，想靠這樣的偏財達成財富自由可說是難如登天。

1-5 想長久賺到錢 務必建立自己的投資邏輯

建立自己的投資邏輯之前，最基本的是要培養自己解決問題的性格。

當遇到問題，是習慣把問題丟給別人解決，還是會自己想辦法解決問題呢？我是遇到各種問題，都會想辦法自己解決的人；小從生活上的各種雜事，大到人生未來的規畫，這些問題對我來說統統都需要去思考和解決。

所以在我的腦中，有對於各種事件的處理準則、原則，還有各種理論、想法，去處理生活或心理上的難題。無法馬上解決的心理問題，也會常常放在心中思考是否有解決的方法。

這樣的生活難道不會很累嗎？腦袋一直停不下來，其實對我來說不是一件很累人的事，我已經習慣了，養成了習慣，就會成為一件很正常的事情。

理財的成果是問題解決能力的展現

對於理財投資這件事情來說，思考是絕對必要的。你可以去觀察每一個所謂教人投資理財的「老師」，他們的文章、FB、訪談，對於投資都有一套自己的理論；對於讀者各種提問都能侃侃而談，都不會脫離他們的中心思想。我認為，這都是因為他們常常做「思考和解決問題」的練習。

例如，面對「美國總統實施了新政策，導致美股下跌」的事件，自然會去思考「台股會受到什麼影響？」→「手中持股應該如何調整？」→「需要逢低加碼或是停損？」

而當讀者問了一個問題，他們也勢必會去思考「讀者為什麼會問這個問題？」→「答案是什麼？」→「怎麼回答可以解決讀者的問題？」

沒有習慣解決問題的人，一遇到問題，只有兩條路可以走：

1. 找別人解決問題，花錢請人來解決或是找家人朋友解決。
2. 不管它。

一個家庭當中，當夫妻兩人都是不習慣解決問題的性格，一旦遇到家庭財務問題，無法自行解決，通常會怎麼做？平常如果生病了，要看醫生對症下藥；家庭財務出了問題，較正規的方法應該是找財務規畫師來檢視財務漏洞，並嘗試建立穩健的儲蓄及投資計畫。

很可惜的是，台灣的財務規畫師非常稀少，且收費不低，感覺是高資產族才負擔得起財務規畫師的酬勞。畢竟財務出現問題，代表自己也非常需要錢，很少人會想額外花錢解決。所以大部分的人，都不會選擇找財務規畫師，而是去找銀行理專，或自己研究、追隨「老師」學投資。不過，美其名是學投資，大部分的人大多只是想要聽明牌，自認只要會低買高賣，每次賺個萬把元，彷彿就能從此改善家庭財務，走向財富自由。

實際上並沒有如此美好。比較有可能的狀況是，聽廣播或看財經節目提到，「現在 XXX 市場看好，買基金風險比股票小……」於是就去銀行找了理專，聽理專建議買了幾檔基金，沒多久就遇到基金淨值持續下跌。接下來又該怎麼辦？要停扣還是加碼扣款？或是請理專建議買其他基金？

若打算靠自己買股票賺錢，不想花錢的就到處看看網路文章，願意花錢的會去參加理財講座；「老師」說台積電（2330）可以買、中鋼（2002）表現很好，於是就跟著買；但買進後股價開始跌，這時該加碼還是停損？買了之後漲了 10% 該賣掉嗎？還是要繼續放可以賺更多？上漲之後還要不要加碼？

家中的水龍頭壞掉、門鎖打不開、冰箱故障，找專業師傅可以很快看到成果；但是投資遇到問題，只聽「老師」和理專的意見，常常無法解決問題，反而容易帶來更多後續的問題，始終無法有效解決。

以上的情境，我也都曾有過類似經歷。為了想要讓財富快速增加，我看了一些談論投資的文章，就認為自己找到了必勝的投資公式；以為台股肯定會與美股連動，看了昨天半夜的美股收盤價，就以為今天台股也會複製相同的走勢。我曾經以為某檔股票一定會在某個價格區間上上下下，只要低點買進、高點賣出，簡直就是穩賺的策略。我也曾經看新聞做股票，投顧分析師說哪檔股票業績好、有題材，我就跟著買。

我依靠以上方法所做的投資，最後都是賠錢收場。

我終於發現，原來靠自己才是正確的。培養自己的投資邏輯和解決問題的方法，才有辦法賺錢，而且是長久地賺錢。每次進出場都聽別人的建議，最終都是不可能賺錢的。

所有成功的人，都是不斷解決問題的人；什麼事情都無法解決的人，能不賠錢就是僥倖了。

換句話說，理財的成果，就是問題解決能力的展現！如果你真的有心想靠投資致富，務必嘗試解決自己遇到的各種問題。長此以往，也會有信心度過未來會遇到的難關。人生沒有過不去的關卡，只有選擇要用什麼方式解決而已。

當你下定決心靠自己解決問題，接下來最重要的是「建立中心思想」，遇到問題就能根據這個中心思想作為判斷準則。

尤其就投資股票而言，如果有自己的中心思想、投資邏輯和價值觀，那麼遇到各種投資問題時，一定就會知道如何處理。以下拿一些我實際遇過的例子來做說明：

案例 1》股價穩定公司突然出現壞消息

中連貨（5604）是一家貨運公司，我在 2010 年時少量買進後一直持續持有，2016、2017 年獲利一度大幅衰退，

2018 年又有好轉。因為股利和股價都還算穩定，且我持有的張數不多，所以選擇繼續持有。

2019 年 4 月的時候，公司發布重大消息，宣布退出貨運市場，資遣千名員工，並將轉型成不動產租賃事業。

遇到這種事件，該賣出嗎？還是持有？或是加碼？按常理來看，應該要賣出吧？公司本業不賺錢，還資遣員工，想必快倒了吧？應該快點賣股票，不然到時候變成壁紙！

但我的思維是，常常在新聞看到公司倒閉，別說遣散費了，員工連基本的薪水都求償無門。相形之下，中連貨趁公司還有賺錢、有資本的時候轉型，將公司的錢拿來資遣員工，在轉型為不動產租賃公司之後還能繼續營運。我認為這是負責任公司的做法，也符合我的投資原則和邏輯。負責任的公司，正派經營，還是可以繼續持有。而市場也給予正面評價，1 年後，中連貨股價上漲了 1 倍（詳見圖 1）。

案例 2》股價出現短期上漲是否該獲利了結

我在 2019 年曾大量買進電子代工產業仁寶（2324）、廣達（2382）、英業達（2356）等股票，當時布局的原因是

圖1 2019年以來，中連貨股價上漲1倍
——中連貨（5604）股價走勢圖

註：資料期間為 2015.01 ～ 2021.05
資料來源：XQ 全球贏家

兼顧殖利率與風險，選擇「買產業」，而非著重於某檔個股，希望能提高存股組合產生的股利。

當年我也有買進全球電子代工龍頭鴻海（2317），那時候的鴻海從 2017 年的高點 122.5 元一路盤跌，經歷 2018 年減資後，最低在 2019 年初跌到 67 元。

我在 2019 年 2 月於 70 元左右買進鴻海，當時假設鴻海

1 年配息 4 元，殖利率就有 5.7%；若鴻海每年都有賺 7 ~ 8 元每股盈餘（EPS）的實力，那麼 70 元的股價也算是相當合理了。未來若股價上漲，我也可以參與上漲的價差獲利。

就在我買進後沒多久的 2019 年 3 月，鴻海集團郭董事長開始動作頻頻、被解讀為有意參選總統，鴻海股價也從 70 幾元開始上漲。同年 4 月郭董事長正式宣布參加國民黨黨內初選，激勵鴻海股價快速上漲到 90 多元，市場也開始喊出「鴻海上看 100 元」（詳見圖 2）。

才買進沒多久，股價就開始大漲，這時我遇到的問題是「該續抱還是獲利了結」？我算了算，如果打算長期領股利，一年可賺 5.7%；而股價這麼短的時間就漲了 3 成，相當於讓我領到 5 年～ 6 年的股利了。如果以 90 元計算，配 4 元的殖利率也已低於 5%，獲利了結後應可再去尋找殖利率更高，或是較具有成長性的股票。

因此我在股價 92 元的時候選擇賣掉鴻海股票，收回 31% 的報酬。如果賣掉之後股價繼續漲也沒關係，因為我既然做出獲利了結的決定，拿到的就是我該賺的錢；少賺到的部分原本就不屬於我的，不需要覺得可惜。

圖2 2019年3～4月，鴻海快速漲至90元
——鴻海（2317）股價走勢圖

註：資料期間為 2017.02 ～ 2021.05
資料來源：XQ 全球贏家

後來鴻海又跌回 70 多元的價位，2019 年初再漲到 90 元；2020 年 3 月股災最低跌到 65.7 元，1 年後漲了 1 倍來到 134.5 元。

這樣的例子其實很常見，我們永遠不可能買到最低價、賣到最高價；當你做出獲利了結的決定，一定是根據你所訂下的策略，例如股價上漲的價差已經讓你賺到好幾年的股利，而你打算尋找其他更好的股票；或是因為市場一時的激情而使股價飆高，但獲利明明就很難支撐這樣的股價……等。既然賣出有其依據，就算賣掉之後再漲 50%、1 倍，也代表那不是你該賺的錢；「知足常樂」也是可以運用在股市上的。

案例 3》股價持續上漲，又想長期持有該怎麼辦？

2019 年除權息之後，我透過股票質押打算「活化資產」。當時我和女友帳上的存股組合已經能產生百萬元的股利，對於用來活化資產的標的，我打算採取不同的選股策略。我當時認為台股的萬點已經成為「地板」，若要參與台股未來的成長，當然要選擇台股當中擁有最強大優勢的股票——全球晶圓代工龍頭台積電。我在 2019 年 7 月透過銀行的股票質押拿到資金，並於 7 ～ 9 月時於 240 元～ 250 元的價位陸續買入台積電。

其實一開始我設定的目標，是先將持有台積電的成本控制在 250 元左右，如果漲到 300 元時，打算先賣掉一半持股，讓剩下的持股成本降為 200 元；依照台積電當時每年配發 10 元現金股利的承諾，殖利率就會來到 5% 的水準。但如果台積電優勢持續，我就選擇不賣股票，繼續持有以參與它的成長。

就在我買進之後，台積電股價就呈現穩穩上漲的態勢，很快地在 2019 年 10 月漲到 295 元左右，此時已經距離我的目標 300 元不遠了。後來我又做了一些研究，發現台積電領先優勢明顯，且晶圓高階製程的部分，現階段並無敵手；因此我並沒有做出與賣掉鴻海相同的決定；我決定繼續持有，並且在 2020 年繼續加碼。

台積電在 2021 年 1 月，股價最高漲到 679 元，同年 3 ～ 5 月回到 550 元～ 600 元之間盤整，我也依然沒有賣出。

台積電從 250 元漲到 600 元之上的這段過程，有人一定會來回買進賣出好幾趟，但是這一路上，我一張都沒有賣。因為我持有台積電的心態，是看好它的「技術優勢」，而技術優勢是唯一影響未來台積電股價的因素。因此台積電兩個主要對手的未來動向——三星電子（Samsung）是否可以在 2022 年憑 3 奈米彎道超車，以及英特爾（Intel）投入高階製程的研發速度，是否會對台積電的市場地位造成威脅，才是我觀察是否賣出的指標。簡單說，只要技術優勢不變，就沒有賣出台積電的理由。

以上是我對持有台積電所設定的投資邏輯，若缺乏這項邏輯，很可能在股票漲到 300 元前就會賣掉了。只有相信自己的目標，才不會在股價盤整的過程因為擔心害怕而迷失自己。

秉持 4 原則建立自己的「存股 ETF」

以前玩股票做價差，都會聽小道消息，說哪檔股票因為什麼消息可以買，可是不管股價上漲、下跌、公司出現壞消息，卻不知道該怎麼辦。正所謂「師父引進門，修行在個人」，唯有具備自己的投資邏輯和中心思想，才有辦法決定這檔股票該繼續持有、加碼還是該賣出，遇到任何狀況都知道應該如何思考、做出最適切的處理。

目前我的持股組合，如果以投入成本計算，殖利率約為 6.7%（以投入本金 2,000 萬元，以及 2020 年領取股利 133 萬 8,441 元計算），我的原則是「建立自己的存股 ETF」，投資邏輯歸納如下：

1. 買進之前先訂下策略

想清楚買進每一檔股票的目的是什麼？是為了長期持有參與公司營運的成長，還是著重在公司穩定經營所能配發的股利？如果股價漲到超越公司合理價值太多，是不是要先獲利了結？有時候想用一些小錢參與市場上的熱門股，也得設定好進出策略。投資每一檔股票都要設定目標，並且建立退場機制，就能進退有據。

2. 用閒錢投資

長期存股一定會遇到股市起起落落，當股市下跌甚至崩盤的時候，如果當下沒有錢加碼，最起碼不要賣掉你存的股票。風暴總會過去，持股的短期漲跌是身為傻多存股者要習慣的事情；只要不賣股票，時間總是會讓股市回到原來該有的樣子。

有人可能會問，如果股票下跌了，又需要生活費或是繳小孩學費，不也得認賠賣股嗎？當然不能讓這種事情發生，所以一定要用「閒錢」投資，扣掉生活費和緊急預備金之後，剩餘的閒置資金再用來投資，就能避免崩盤被迫賣股的慘劇。

3. 分散持股

「集中持股」和「分散持股」各有擁護者，集中持股是核心持股只有少量股票（多為 3 ～ 5 檔內），對於所持有的股票抱有絕對的把握，需要對持股保持密切的關注。優點是當你判斷正確，很有機會獲得超越大盤的報酬，缺點是一旦判斷錯誤，一檔持股操作失利就會大幅影響績效。

而我採取的分散持股，主要是透過分散產業、每檔個股少量購買，不重壓單一個股的方式，建立「屬於自己的 ETF」。當持股分散，就自然能降低整體風險，因為我知道自己無法確實掌握每一檔股票未來的狀況，所以透過分散持股可以幫我大幅降低股票的個別風險。

當然，如果你認為自己不懂得怎麼挑股票，乾脆直接買ETF，比如元大台灣 50（0050）、元大高股息（0056），可省去自行選股的麻煩，也是風險相對低的選擇。

4. 買產業龍頭股

在選股之前我會先挑穩定、有長期需求的產業；選定產業後，選股就很簡單了——優先選產業龍頭股，優點是該產業如果有好消息，第 1 個表現在龍頭股上。有些產業會由 2 家公司共占據一半以上的市占率，我會兩家公司都買，就能參與到這個產業的主要成長力道，也就是所謂的「買產業不買個股」原則。

1-6 掌握 2 大主軸 建立一籃子存股組合

有了明確的投資邏輯，接下來就要堅持自己的投資信念、建立投資組合。信念是自己深信不疑，但別人不一定相信；透過實踐這個信念，不斷地去修正、執行，去驗證這是可行的、是正確的，就會對自己的信念和所訂下的投資方向，愈來愈堅信不移。

我的投資信念就是「傻多」。2009 年我就開始認真存股，為了驗證「傻多存股法」，無論是台股一年內從 4,000 點漲到 8,000 點，或是 2011 年從 9,000 點跌到 6,000 點，2015 年再漲到 1 萬點，就算被有些網友嘲笑我在「高點存股」，我都沒有停止持續投入資金買股票。

回想 2017 年～ 2018 年時，台股站上萬點持續好幾個月，市場上就傳出「台股已到萬點天花板」、「台股泡沫化」

的聲音；誰能預料到才隔 3 年，台股竟然已經從 1 萬點上漲 70%，更出現台股在 2022 年可望上攻 2 萬點的預測？

我相信台股有一天一定會來到 2 萬點，什麼時候會發生？我不知道，但我知道在市場資金愈來愈多的趨勢下，會長期推升資產上漲。原物料成本提高、人力成本變貴，公司所提供商品或服務的售價提高，就會帶動營收上升。當一個國家的整體企業營收與獲利長期提升，股市指數也就會呈現長期向上的趨勢，這就是我敢抱持著「傻多」心態長期存股的核心理由。

持有夠多檔股票，績效就會呈現常態分布

我一共持有約 60 檔股票，是相當分散的組合。一定有人會疑惑，這麼多的股票要怎麼管理？因為我主要是依照「買產業」→「選產業龍頭」的原則廣泛建立適合長期持有的股票，就不太需要緊盯每檔持股的每月、每季基本面變化。

一起來看看，我同時持有這麼多檔股票的表現如何？當統計的股票夠多，它們的表現自然會呈現統計學上所謂的「常態分布」曲線（詳見圖 1、註 1）。我的存股組合也呈現了常態分布的狀態，主要可分為 3 類：

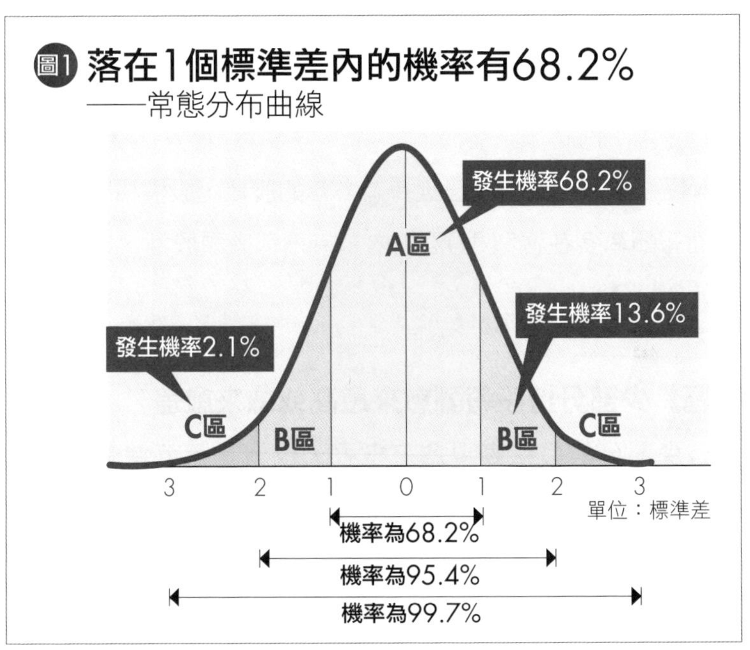

A 區》大部分持股落在正負 10% 的報酬率範圍

A 區偏負報酬大概是持有 2 ～ 3 年內的股票，帳面可能虧損 10% 內，但是殖利率 5% 的股利領了 1、2 次，所以整體

註 1：一組數值與其平均值的差異稱為「標準差」，標準差愈小，代表這組數值與平均值愈接近。而所謂的「常態分布」，指的是一組數值會有 68.2% 的機率落在 1 個標準差的範圍內、有 95.4% 的機率落在 2 個標準差的範圍內、99.75% 的機率落在 3 個標準差的範圍內。

來說是小賠或接近損益兩平，例如將近 180 元買進、2020 年初股價 160 元的晶華（2707）。

A 區偏正報酬則多是已經持有多年的股票，股價相對穩定，帳面報酬率多在獲利 10% 之內，持續都有領股利，比如中華電（2412）。

B 區》少部分持股報酬愈來愈高或愈來愈差

有少部分的股票表現愈來愈好，也就是隨著持有時間變長，股價上升或是股利成長。像是台北市天然氣業者大台北（9908）、台灣最大農藥廠興農（1712）、民營金控玉山金（2884）、公股銀行之一的華南金（2880）等，帳面累積報酬率達到 20% 以上，每年也都有持續領股利。

另外也有少部分股價逐漸下跌、股利也減少的股票，比如輪胎大廠正新（2105），統一集團旗下的食品飲料包裝廠統一實（9907）。在我持有期間，它們的股價持續下跌，若加上股利，差不多是領的股利近乎等於股價下跌的幅度，長期持有下來沒賺沒賠。

C 區》極少部分為長期持有大賺或大賠

存股組合當中也有少數大賺或大賠的股票，近 60 檔股票當中分別不到 3 檔。先看讓我大賠的股票──四維航（5608），我從 2011 年持有至 2019 年，股價從我在 30 至 40 元買進之後，一路下跌到 10 元以下，2015 年起連 1 毛股利都發不出來。後來我在 7 ～ 8 元之間出清，賠了約 20 萬至 30 萬元。

大賺的部分，指的是帳面累積報酬率超過 100%，例如我在 50 元左右買進、持有多年上漲至 100 元之上的黃豆油煉製大廠大統益（1232）和鉛酸電池製造廠廣隆（1537）；這兩檔股票的帳面增值幅度，若要用來抵銷四維航的虧損也是綽綽有餘。

過去，我只有少數狀況是發現股價上漲想先獲利了結才會賣出股票，鮮少去認真處理虧損的股票。說實話，會這麼做的部分原因是抱著實驗的心態，我想要檢驗自己的存股法會交出怎樣的成績單；再者，也因為每檔股票的占比有限，即使有 1、2 檔股票大賠，我也認為無傷大雅。

而經歷了長達 10 ～ 11 年的存股，在全盤檢視每檔股票的長期表現後，我也著手整頓手中的股票，將持有多年但績效差的正新和統一實賣出，希望避免它們落入四維航大賠的下場。

選股時，挑最強大的公司及穩健的產業

目前我的存股組合有兩大主軸：「選最強大的公司」以及「選穩健的產業」：

主軸 1》選最強大的公司

挑獲利能力優秀、具強大競爭力的公司，這樣的公司會創造持續的營收、獲利、股利和股價的增長，替股東賺得盆滿缽滿。

目前世界上最強大的公司幾乎都是美國公司，事業向全世界擴張，營收、獲利、股利也長年呈現穩定的增長。

而且，由於美國企業相當重視股東的福利，只要是長期經營狀況不錯、會配發股利的企業，都會有計畫地調高股利（不過，股神巴菲特（Warren Buffett）經營的波克夏（Berkshire Hathaway）比較特殊，巴菲特認為波克夏運用盈餘再投資的能力比直接發錢給股東好，因此沒有配過股利）。

美國有許多大型跨國公司，市場擴展到全世界，股息（又稱

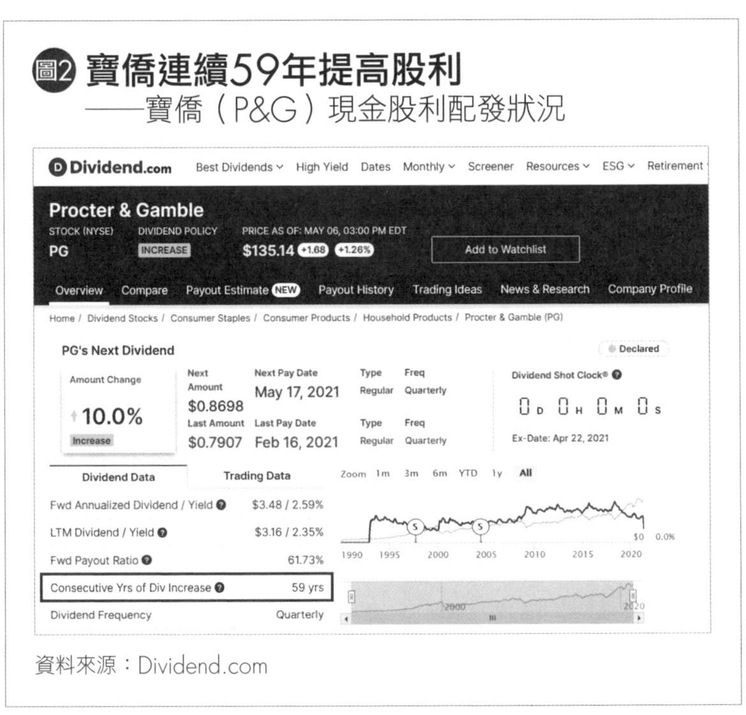

圖2 寶僑連續59年提高股利
——寶僑（P&G）現金股利配發狀況

資料來源：Dividend.com

為現金股利）每年增長；美股甚至有一個指標叫作「股息連續增長年數」，意思是公司配發的股息連續成長了幾年；例如跨國日用品公司寶僑（P&G）、嬌生（Johnson & Johnson）、3M，股息連續成長都超過 50 年（詳見圖 2）。

然而和美國相比，台灣成立股市的時間短、市場小，整體上市櫃公司的規模也相對小。在台股當中，我們很難找到每年營收和股利都連續成長這麼多年的公司，若以市值、營收規模和競爭優勢而言，台灣唯一可以站上全球舞台、與世界級企業匹敵的，我認為只有台積電（2330），這也是我在 2019 年和 2020 年時大量買進台積電的原因。

主軸 2》選穩健的產業

第 2 個主軸則是「選穩健的產業」。台灣有許多產業是內需型市場，市場就這麼大，如果產業已經出現壟斷或寡占的情況，有很長一段時間大概就是產業領導者的天下。

例如台灣超商產業兩大龍頭統一超（2912）和全家（5903），兩者市占率合計約 70%（2019 年數據）。這兩檔長期的營運和股價表現都很不錯，無論營收或獲利都是長期穩健的成長，兩者股價原本都是呈現向上的趨勢，但從 2015 年起，開始出現漲跌互見、你漲我跌的狀態（詳見圖 3）。

我目前並未持有超商產業的股票，但如果要投資，我會寧可直接從「選產業」角度切入，同時持有這兩檔股票，不管誰勝出，身為股東都一樣能夠得利。這就是「買產業不買個股」的概念，與其辛辛苦苦比較，不如放輕鬆，分散買進穩健產業當

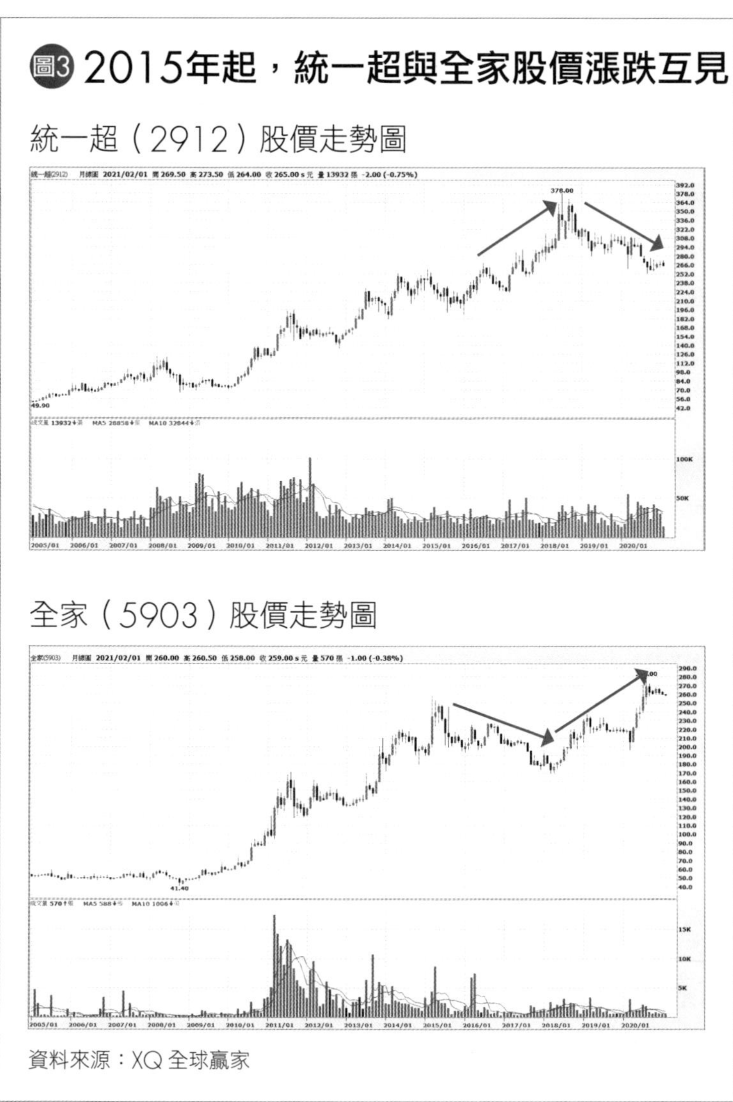

圖3 2015年起，統一超與全家股價漲跌互見

資料來源：XQ 全球贏家

中的龍頭公司就好。

電信三雄中華電、台灣大（3045）、遠傳（4904）也是相同道理，多數人無論怎麼換電信公司，大概都會在這 3 家轉換。也可以看到電信三雄的股價表現，長期以來都在一個大箱型區間整理。而我一開始選股時，是選擇前兩大公司——中華電和台灣大，同時享有台灣電信市場超過半數的獲利。

相同概念的還有飼料與肉品業，我同時持有大成（1210）、卜蜂（1215）；傳產業當中的水泥產業，我同時有兩大公司台泥（1101）、亞泥（1102）；公用事業的天然氣業者，我同時有大台北（9908）、欣天然（9918）；還有我在本書多次提過的電子代工產業、電子通路業等。

一定會有人覺得奇怪，為什麼我不全部選成長股來投資就好？如果要買這麼多股票，又為什麼我不乾脆全買 ETF，例如元大台灣 50（0050）和元大高股息（0056）就好？

依照性格、偏好，找到自己的投資好球帶

巴菲特有一個「棒球理論」，在 YouTube 上可以看到精華

影片（註 2）。大意是說，打擊手都想等到棒球進入擊球率較高的位置再揮棒，然而當賽況進入劣勢時，只要棒球進入好球帶，不管該位置的擊球率是否理想都得揮棒，否則會遭到三振。然而，投資領域並沒有三振的問題，投資人可以自由選擇最適合自己的投資機會，不必勉強自己。

在股市中，當市場丟出一個好球，如果你有能力揮出安打，就能掌握到短時間內賺取豐厚獲利的機會。但是如果認為這顆球的擊球率很低，就算不揮棒也沒關係，我們只要等球進入「自己的好球帶」再揮棒就可以了。

每個人的個性、生長背景、教育經歷和工作環境都不同，沒有一種投資方法可以原封不動套用在每個投資人身上。我的投資報酬率跟別人相比肯定不是最高，但是我用適合自己的選股原則和投資方式，可以帶來我需要的被動收入及資產的成長，對我來說這就是最理想的好球。再怎麼有成長性、再怎麼有轉機，只要是我難以理解的，就算我勉強買進也不可能因此賺到

註 2：請輸入網址「https://www.youtube.com/watch?v= BAMiemNe2fk」，或是掃描 QR Code 即可觀賞。影片不到 5 分鐘，希望大家能直接從巴菲特口中了解這個棒球理論，而不只是看別人的解讀。

大錢。

而我為什麼不全部買0050、0056等ETF？這跟個性有關，我喜歡觀察市場，選股過程中，我可以慢慢觀察並選出自己喜歡的產業和股票；這麼做可以常常接觸市場，了解現在市場發生了什麼熱門事件？結局是什麼？我可以學到什麼？

若我只是定期定額，靠機器人程式自動扣款，一味地買被動式投資的 ETF，會讓我離市場很遠，也很難發掘自己在投資上的可能性。就像生了小孩，自己卻不聞不問，與小孩關係生疏，就不會擁有自己的育兒經，對我來說，如此便很難在投資路上有所學習與成長（當然，如果不想投入過多心力了解產業與個股，ETF 確實很適合一般投資人）。

靠自己選股，會自然而然培養出自己的選股邏輯和投資風格。像是我在 2019 ～ 2020 年有把握住台積電這波上漲 1 倍的行情，我認為要歸功於存股多年以來勤於觀察市場的訓練，找到了巴菲特口中所謂「自己的好球帶」。

隨著自媒體的盛行，「投資達人」也如雨後春筍般的不斷出現，但是你可以發現，能夠成功賺到錢的達人，他們都會有屬於自己好球帶的股票。如果要參考投資達人的方法，首先你必須認同他的信念，對於他們所分享的個人持股或公開分享的股票，也千萬別不經思考地跟風買進；必須先自己觀察、研究，再考慮是否要納入投資組合。

買進每檔股票時，建議把買進的理由和初心記錄下來，到了某天，發現當初買進這檔股票的理由消失了，就把它賣掉。唯有遵循自己的信念和所設定的投資邏輯，才有辦法好好管理自己的投資組合，達成投資目標。

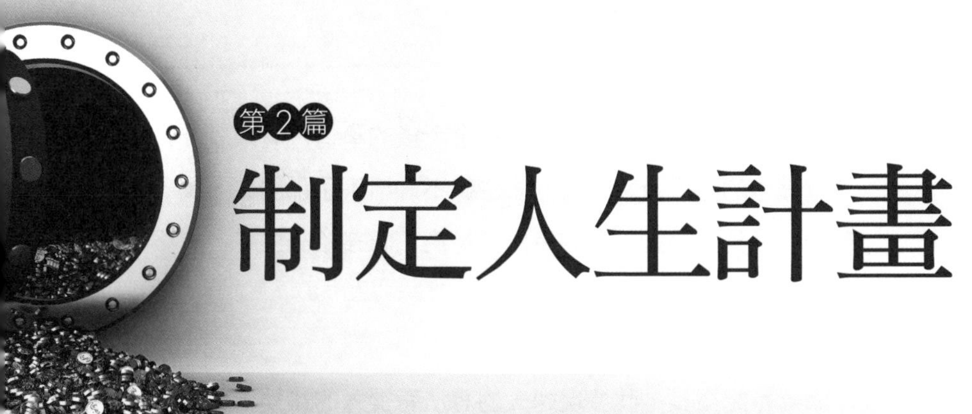

第2篇

制定人生計畫

2-1 把存股當事業經營 老後不需為錢煩惱

年輕的時候我曾覺得不需要考慮老後的事情，有錢就要花，趁有體力的時候及時行樂；人生搞不好活不了那麼久，萬一年輕的時候努力存錢，老的時候一身病，賺錢給醫生花，豈不是個傻子？

隨著年紀增長，我發現過去的想法有很大的錯誤，年輕的時候體力好、機會多，不怕賺不了錢；老了以後若真的病痛纏身，沒辦法工作，身上又沒錢，再怎麼後悔年輕沒存錢也於事無補。

想要確保未來能夠衣食無虞，不為錢煩惱，就要規畫好怎麼過這一生，趁早訂下財務計畫，然後腳踏實地的過每一天。

而為了順利完成未來的財務計畫，我們需要建立一個自己的事業。畢竟身為上班族、身為社會機器的其中一顆螺絲，都有隨時會被替換、失去收入的危機。就算再怎麼努力工作，獲得高階的職位及高收入，公司也可能會因為決策錯誤而經營不善；一旦面臨減薪、裁員、公司倒閉，又得想辦法找一份新工作重新開始。

若要保障自己長久的收入來源，建立自己的事業是唯一的方法。所謂的事業，必須是靠著自己付出努力、累積經驗，隨著時間帶來持續性的金錢回報；而這個事業是自己完全擁有，別人無法搶走的。創業做生意就是一種事業，例如開一家無人洗衣機店，或是經營冷飲店，或是買房子當房東收租，都是自己當老闆，投入成本經營，賺取長久的現金流。

透過存股成為股東，分享公司賺取的利潤

多年以來，我努力學習投資、了解市場，買股票成為股東，收取企業的利潤以獲取現金收入；因此對我來說，存股就是我持續投資自己的腦袋，投資自己的金錢觀，可以累積和使用一輩子的事業。

所有的事業都會有一個獲利模式，那麼存股事業的獲利模式

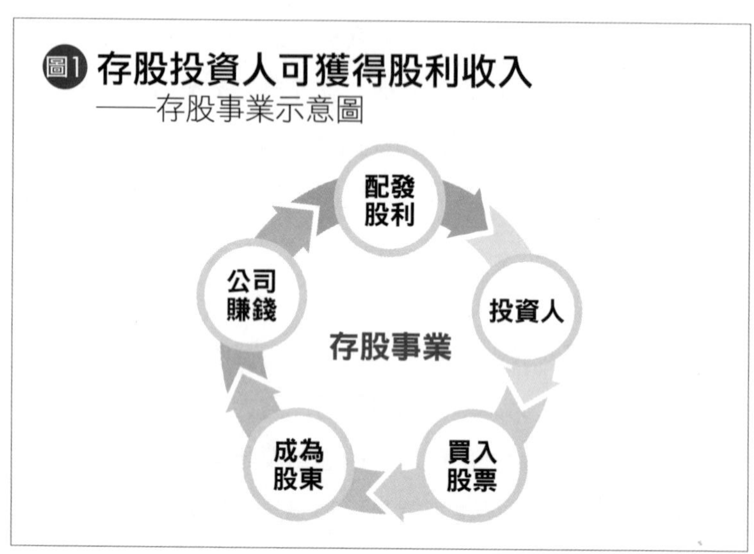

圖1 存股投資人可獲得股利收入——存股事業示意圖

是什麼？

股票代表公司所有權的一部分。公司為了籌措資金，選擇在公開市場釋出部分所有權，就能獲得股東投入的資金，而股票就是公司所有權的憑證。

因此，存股可以說是一種投資事業，把錢投入在會賺錢的公司當股東，讓這些公司為你工作，賺的錢變成股利配發給你，就是存股投資人能夠獲得的收入來源。存股投資人獲得收入，

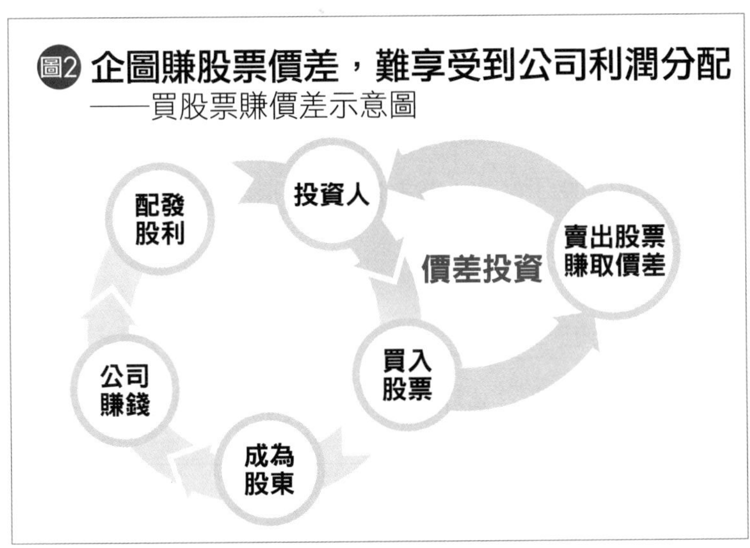

可以再買進更多股票，未來就能夠領到愈來愈多的股利，擁有的股票價值愈來愈高，讓存股事業周而復始地循環下去（詳見圖 1）。

因為股票的交易價格會變動，在股價變動之間買賣股票可以賺到價差（詳見圖 2），但就不會有當股東領股利這個過程（持有期間恰好參與到除權息除外）。能夠把賺股票價差當成事業且能成功致富的人不多，比較常見的是明明要賺價差，卻因為判斷失敗而套牢，被迫變成股東，成了「被動式存股」。但是一開始為了賺價差所選擇的公司又偏偏發不出股利，或是股利難以彌補價差的損失，將導致價差和股利兩頭空。例如存到1,000元以上的宏達電（2498）或國巨（2327），就是標準的領了股利賠了價差。如果有人說存股賺不到錢，大概都是屬於被動式存股的人。

在投資時，一定要搞清楚你為什麼要投資股票？是為了當股東，還是要賺價差？這點沒搞清楚的話，投資的第一步就踏錯，往往注定未來悲慘的命運。

若想存股，不需累積大筆資金再進場

存股只能賺取穩定現金流，要有一定的本金才有經濟效益，因此許多剛接觸存股觀念、薪水普通的上班族，都會認為「本多終勝」、「等我有錢就來存股」。也因為沒什麼本錢或多餘的錢可以投資，所以傾向先賭一把、以小搏大開槓桿、賺價差，最好是能把10萬元變成百萬元，再變成1,000萬元，到時候就能用這1,000萬元存股，賺取每年數十萬元的現金流。

如果上班族選擇了「賺價差、以小搏大開槓桿」策略的話，就只會有兩種結果：

1. **有賺價差的能力**：如果你真的是賺價差高手，能讓 100 萬元變成 1,000 萬元、2,000 萬元，最後根本也不會選擇存股；因為你會繼續用自己擅長的方法，將 2,000 萬元變成 1 億元。這是很簡單的邏輯，投資就是用自己最熟悉的賺錢方式，不斷地重複成功經驗；當你很會賺價差，就不需要存股。

2. **沒有賺價差的能力**：沒有賺價差的能力，100 萬元過了好幾年還是 100 萬元，或是變成 50 萬元、5 萬元；我就是最好的例子，而且我花了 10 年的時間才承認自己沒有賺價差的能力。有的人一輩子都在追求賺價差的成功方程式，有的人一輩子都沒找到屬於自己的投資方法。到頭來賺價差沒賺到，也沒有存到股票，落得兩頭空。

所以，如果你還在猶豫要用哪種投資方法，建議你面對現實，搞清楚自己有沒有賺價差的能力。當你發現自己總是一買股票就跌，一賣股票就漲，你有很高的機率是屬於缺乏賺價差能力的那一類，不要懷疑，存股很有可能更適合你！久而久之，你將會對熱門的明牌不感興趣，對於「買低賣高」這 4 個字無感，因為你知道那些短線飆股永遠跟自己無緣。

存股最重要的是買對股票，那麼，到底該買什麼股票？每個人都會對某些股票有些偏好。比如巴菲特（Warren Buffett）不買黃金，不喜歡科技股（註 1）。有的投資達人只存金融股，甚至只存 1 檔金融股。而我也在本書多次提到，我的存股策略是挑選喜歡的產業、分散投資。

表 1 是我所有的持股，有些人會覺得這些股票很多很雜，但我知道這是最適合自己的方式。以 2020 年的現金股利計算，我的存股組合約有 6.7% 的殖利率，現在要挑到這麼高殖利率的股票雖不容易，但要找到接近 5% 殖利率的股票也並非不可能。從你的喜好、專長出發，也可以逐步建立出一個屬於你、適合你的存股組合。

存股不需要等股市崩盤，及早進場累積股感

2021 年台股來到 1 萬 7,000 點，許多股票跟 2020 年相比都漲了一大段，股價上漲 20%、30% 只是基本款，有些股票漲了 1 倍不止；該不該等股市崩盤，再開始執行存股？

既然選擇存股，就是承認自己沒有買低賣高的能力，所以「等崩盤再買股」這種打算抄底的念頭不妨趕快放棄（況且當股市崩盤時，很有可能根本不敢買）！頂多就是留一部分資

金，若股市真的大跌再進場撿便宜。

再次強調，投資必須用「閒錢」，就算少了這筆錢也完全不影響你生活，那麼不論股票漲跌都沒必要煩惱，只要選好值得存的股票，並且把每年領到的股利再投入存股就好。隨著時間拉長，每年領到的股利愈來愈多，就等同於你的投資成本愈降愈低。

我最早在選要存股的股票時，會以殖利率 5% 為標準，這代表每 100 元本金，一年可以拿回 5 元現金；連領 20 年，就等於拿回 100 元。若你選到股利會漸漸提升的公司，不需要 20 年就可以拿回 100 元本金了，而且未來還可以繼續領下去。即使在台股萬七的此刻，市場上還是找得到 5% 殖利率的股票，就算低一點只有 4%，也只是稍微延後領回本金的時間。別忘了，存股是一個持續的過程，股價會上下波動，只要你持續投入資金，還是有機會用比較低的價格買股票。

當你存股久了之後，會有所謂的「股感」，類似父母在養育

註 1：巴菲特後來買蘋果（Apple）股票，是因為巴菲特認為蘋果用戶具有高忠誠度，並將蘋果產品視為一種消費品而非單純的科技產品。

表1 棒喬飛存股組合有59檔標的

名稱（代號）	比率（%）	名稱（代號）	比率（%）
台積電（2330）	53.539	台　化（1326）	1.007
中華電（2412）	5.568	國泰金（2882）	0.936
大台北（9908）	5.150	台灣大（3045）	0.913
大　成（1210）	3.869	山　隆（2616）	0.842
中保科（9917）	2.850	富邦公司治理（00692）	0.764
台　肥（1722）	2.616	合庫金（5880）	0.631
富邦金（2881）	2.319	華南金（2880）	0.568
台汽電（8926）	2.158	欣天然（9918）	0.507
台達電（2308）	1.818	中　碳（1723）	0.440
玉山金（2884）	1.465	中信金（2891）	0.432
廣　隆（1537）	1.304	胡　連（6279）	0.410
興　農（1712）	1.218	上海商銀（5876）	0.382
敦陽科（2480）	1.185	廣　達（2382）	0.353
大統益（1232）	1.121	豐　藝（6189）	0.323
亞　泥（1102）	1.037	卜　蜂（1215）	0.319

註：資料時間為 2020.12.31

——棒喬飛存股標的

名稱（代號）	比率（%）	名稱（代號）	比率（%）
英業達（2356）	0.311	國票金（2889）	0.114
崇越電（3388）	0.296	第一金（2892）	0.102
華　立（3010）	0.268	台新金（2887）	0.097
兆豐金（2886）	0.264	元大金（2885）	0.089
聯　華（1229）	0.231	仁　寶（2324）	0.089
台　泥（1101）	0.218	彰　銀（2801）	0.088
華　票（2820）	0.208	中聯資源（9930）	0.086
聯　強（2347）	0.190	開發金（2883）	0.081
大聯大（3702）	0.187	臺企銀（2834）	0.060
文　曄（3036）	0.177	中　鋼（2002）	0.025
神　達（3706）	0.151	大聯大甲特（3702A）	0.022
正　隆（1904）	0.150	中信金乙特（2891B）	0.021
凱撒衛（1817）	0.145	台新戊特二（2887F）	0.015
信　義（9940）	0.142	國際中橡（2104）	0.010
元大臺灣ESG永續（00850）	0.123		

小孩一段時間後都會有自己的育兒經一樣。當你有了股感，對於「該在何時買股票」就不會有所疑惑。

像是 2011 年底到 2016 年，台股從 7,000 點左右漲到 1 萬點，我知道股市漲了很多，儘管內心也有點擔心自己是不是買貴，但我仍然堅持繼續買股。而 2017 年到 2019 年，經歷 2 年的萬點行情，我選擇了在 2019 年 1 萬 500 點的時候買入大量股票存股；會有這樣的決策，都是因為每天接觸股市，自然就會產生有效的觀察心得。而我敢在 2019 年台股創新高後開啟槓桿，用「股票質押」進行「資產活化」，也是奠基於長時間累積而來的知識，以及對自己財務能力的掌握。

沒有父母是做好準備之後才生小孩的，都是有了小孩才學習怎麼當父母；存股也不必苦苦等待抄底，也不需要等到擁有一大筆資金再存。存股過程中，持續了解股票市場、感受股價的波動，也持續了解你有興趣的產業，就能一邊存股、一邊累積投資的經驗。你會愈來愈了解自己，進而優化選股與投資方式，這些都是靠存股致富的必經過程。切記，一定是先存股後致富，而不是先致富再存股。

2-2 以 6 年為單位 制定人生階段規畫表

在 2009 年 34 歲的某一天，我突然有一個想法——為什麼在 24 歲之前的學生時期，社會或政府是以 6 年作為一個階段去規畫的？大部分的人，人生階段大概都是這麼過的：

◎ 0 至 6 歲：忙著認識這個世界，學習和這個世界相處，忙著和自己的身體溝通；其中，0 至 3 歲為家庭教育，4 至 6 歲進入幼稚園。

◎ 7 至 12 歲：就讀國小，和同班同學一起生活，學著加入這個社會。

◎ 13 至 18 歲：就讀國中和高中，充實基本知識。

◎ 19 至 24 歲：接受高等教育，探索興趣與專業技能；男性須服兵役，學習獨立生存及團體相處。也有人在此階段已開始出社會工作。

◎ 25 至 30 歲：適應職場生態，找尋自己真正可以適應和勝任的工作。

◎ 31 至 36 歲：這個階段應該已經找到適合自己的工作，若發展順利則可能逐漸升職，擔任主管職位。如果 31 歲還沒找到適合自己的工作，恐會慢慢被社會淘汰，沒有企業喜歡用超過 30 歲又沒有工作經驗的社會新鮮人。此時也應積極學習投資理財，有計畫地累積財富。

◎ 37 至 42 歲：步入中年，本業已累積一定的資歷。若理財有成，此階段財富累積的速度開始明顯加速。

◎ 43 至 48 歲：上班族職涯若發展順利，可能成為公司的中階主管，從管事情變成管人才，收入增加；也有可能因為環境或能力因素，維持在原本的職階，收入持平。

◎ 49 至 54 歲：若職涯順利發展，此時可能會升職為公司的高階主管；也可能繼續卡在公司某個職位上，無法晉升，但又因為需要這份薪水而無法離職。

◎ 55 至 60 歲：基本上跟上一階段大致相同，只是這個階段的年紀更大，如果工作的可取代性高，可能會被公司強迫離職，或可能因為身體健康因素而自請離職。

◎ 61 至 66 歲：大部分的人應該都在這個年紀準備退休。

◎ 67 至 72 歲（或直到終老）：退休生活。

人生就是許多 6 年時光的組合。我今年 46 歲了，轉眼間已經過了人生前 7 個階段，正在第 8 個人生階段打滾。如果能活到 78 歲，未來還有 5 個階段要走。

如果再把這些階段，分成「春夏秋冬」4 大時期，就會對每個人生階段的規畫更加清楚（詳見表 1）。人生的「春生」時期是 1 ～ 24 歲，嘗試在社會上找到未來發展的道路。「夏長」的 25 ～ 48 歲時期，是付出努力、滋長人生的謀生時期，這段時期將決定老後要過什麼樣的生活。「秋收」時期的 49 ～ 72 歲階段，準備逐漸收割上半輩子的人生智慧與累積的財富。73 歲之後「冬藏」時期，則是品嘗這一生努力的成果。

表1 人生階段規畫表可分為4大時期

階段		年齡（歲）	一般的目標	喬飛的人生／計畫
春生	1	1~6	就讀幼兒園，接受學前教育	就讀幼兒園
	2	7~12	就讀國小，接受初等教育	就讀國小
	3	13~18	就讀國中、高中，接受中等教育	就讀國中、高中
	4	19~24	接受高等教育，男性須服兵役	五專畢業，參加青輔會職業訓練
夏長	5	25~30	進入職場，尋找適合的工作	從事基地台架設人員、MIS工程師、光華商場工程師、任職於台達電、技嘉等公司
	6	31~36	找到適合的工作，持續發展職涯	進入仁寶電腦擔任工程師
	7	37~42	持續在公司努力，或是成為小主管	仁寶電腦初階主管（課長）
	8	43~48	成為公司的中階主管，開始從管事情變成管人才。也有可能因為能力的關係卡在公司某個職階	45歲財富自由，主動離職

——棒喬飛的人生階段規畫表

階段		年齡（歲）	一般的目標	喬飛的人生／計畫
秋收	9	49~54	成為公司的高階主管，或是繼續卡在公司某個職位上	結合理財的工作，學習認識知識產業
	10	55~60	成為公司的高階主管，或是繼續卡在公司某個職位上，或是被公司強迫離職	在知識產業深耕
	11	61~66	大部分的人應該都在這個年紀準備退休	成為知識產業能幫助別人的人
	12	67~72	準備進入人生的最後階段	住養老村過退休生活
冬藏	13	73~78	過著自己想過的退休生活（男性平均壽命76.8歲）	住養老村過退休生活
	14	79~84	過著自己想過的退休生活（女性平均壽命83.4歲）	住養老村過退休生活
	15	85~90	N/A	住養老村過退休生活
	16	91~96	N/A	住養老村過退休生活

人的心情和人生觀會隨著經歷而產生改變，定期的檢視，持續的修正，多思考並無壞處。而對自己人生沒有任何想法的人，會對尚未到達的人生階段打上問號，很難填完這張人生階段規畫表；但只要訂出方向，就一定有辦法填完這張表格，為自己描繪出所期望的未來人生樣貌。其中，財富自由是我認為一定要達到的目標。

財富自由是人生規畫的重要課題

每個人對於財富自由的定義都不同，我認為目前社會上認同的定義有幾種類型：

1. 被動收入約等於生活基本支出：控管每個月的生活費，有自住的房子，被動收入約可應付基本生活支出後就不工作，如此一來可達成最低限度的自由。這種財務狀況其實非常危險，一旦遇到突發事件，很難有額外金錢來應付，很可能蛀牙做個牙套上萬元，就吃掉大半個月的生活費了。這種狀況也很難有多餘的錢可以繼續投資，若被動收入沒有成長，即使都沒有突發支出的需求，也可能會因為通膨而讓日子愈來愈難過。

2. 被動收入約等於目前主動收入：當被動收入已經相當於

目前工作可獲得的主動收入，代表若不繼續現在的工作，也可以維持原來的生活品質；同時，還有多餘的錢可以繼續投資、創造更多被動收入，只是創造被動收入的速度會比還有主動收入時慢上許多。

3. 被動收入大幅超越生活支出：我認為財富自由的最佳定義就是「被動收入大幅超越生活支出」，我個人是設定「被動收入到達兩倍生活費」這樣的目標，在維持原來的生活品質狀況下，還有餘裕繼續投資。若不繼續投資、創造更多被動收入，有可能會面臨被動收入進帳金額減少的問題（例如景氣不佳時公司獲利普遍變少，影響股利配發金額）。將財富自由的目標金額設定得寬裕一些，就算有 1、2 個年度的被動收入減少，或是有突發的資金需求，都能適當地調整自己的財務狀況。

我以前年輕的時候，覺得每個月賺的錢夠花就好了，沒有被動收入的概念。當年紀愈大的時候，就會思考年老以後的收入來源。幸運的人，職涯可能一帆風順，上班族一路升官加薪，或是創業者把事業經營得有聲有色；但也有可能因為能力不足、公司縮編導致中年失業，或身體出狀況不允許繼續工作……等等。因為不知道未來會發生什麼事，所以一定要趁還有賺取主動收入的能力時，預先替未來做好準備。

在還有工作的時候，將主動收入撥出一部分用來投資，創造被動收入；這樣的模式持續運作下去，就能讓被動收入逐漸提高。有一天，當被動收入高於主動收入的時候，就能自由選擇要不要繼續目前的工作；也可以轉職到收入少一點、較輕鬆的工作，或者說是自己真心喜歡但不確定能否有穩定收入的工作。只要有了充裕的被動收入，你可以不需要只為錢工作，人生的選擇就變多了。

愈早將財富自由這件事情當作目標，未來的人生就愈有保障。我很感謝以前年輕的自己設定了被動收入的財務目標，才能讓我在中年的時候離開職場。

而要如何達到所謂的財富自由？要達到一個目標，一定要有步驟和方法。過去的種種造就了今天的我，所以我把這些方法和元素記錄下來，提供給各位去思考。我認為達成財富自由必備的要件是「節儉」、「記帳」、「本業精進」、「自我了解」、「了解投資工具特性」、「設定目標與定期追蹤」；接下來的篇章，我將依序分享如何具備這 6 個要件。

2-3 財富自由要件 1》養成節儉習慣

從小父母都要求我們要節儉，心裡總覺得，是不是因為家裡太窮，只能節儉度日才有辦法活下去？長大後才發現，其實家裡也不是真的很窮，而節儉也不代表窮酸，我反而覺得這是自律的展現，也是我認為能夠達成財富自由的第 1 個要件。

節儉的威力有多大？相信大家對於節儉和收入的關係都有一些了解。比如賺得多，花得少，存得就多。但是到底關係是怎樣呢？今天我就用圖表來分析一下。

圖 1 代表「收入提升但花費不變」。這張圖的意義是，當你的收入是隨著時間不斷成長，而花費還是一樣，那麼累積到第一桶金所花的時間是 1 單位。當時間拉長，到達 2 單位時間的時候，就能累積到 4 桶金。萬事起頭難，一開始存第一桶金比較慢，但是接下來就成數倍成長。

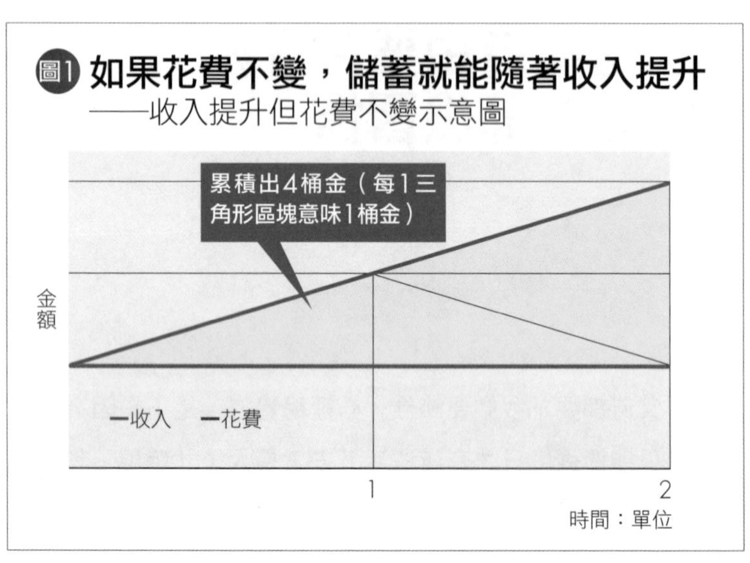

圖2代表「收入提升但花費跟著提升」。如果隨著收入增加，消費也跟著增加，比如買車、買手表、買玩具……愈花愈多，同樣花1單位時間，不但第一桶金的金額變少了，就算花2倍的時間也累積不了多少，永遠為錢辛苦為錢忙。

假設在都沒有富爸爸富媽媽的情況下，多數人剛進入職場時，生活應該都過得不寬裕。最常見的是剛畢業的時候，無論颳風下雨都騎機車上下班，每天吃路邊攤，或是回家吃爸媽煮的飯。隨著年紀增加，收入增加，上館子的次數變多了；談了

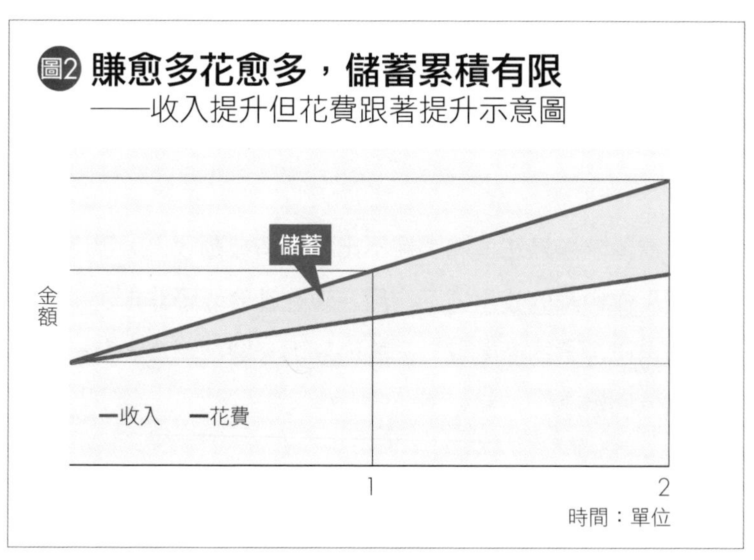

戀愛常常一起出遊也使花費變多了；不想騎車太辛苦就買汽車代步……儘管收入變多，但還是不夠用，存了幾年都存不到一桶金。

我們當然不可能永遠都花那麼少錢，如果賺錢不用來提升生活品質，哪還有賺錢的動力？但是我們可以做好規畫，花費有所節制，無謂的金錢不要花。例如買車，雙 B 是車，國產車也是車，不必為了面子硬要買高級房車；外食一餐 150 元能夠吃飽，就沒有必要天天都要吃每餐 500 元、上千元的大餐。

如果智慧型手機一定要買 iPhone，中階規格就能應付日常所需，一支至少能用 3 年，就沒必要年年更換最新款、最高階的旗艦規格。

如果欲望永遠無法填滿，撥不出錢創造被動收入，那麼永遠得繼續工作，賺的錢永遠不夠用。現在社會變遷非常快，我們不知道自己身處的產業或自己的職務哪天會被淘汰，萬一中年失業該怎麼辦？

推薦大家可以看一部 2010 年的電影，片名叫做《企業風暴》，故事以 2008 年金融海嘯為背景，描述美國幾個家庭在遇到失業後的遭遇。失業不僅影響收入，還會嚴重打擊信心；為了避免這些不可控的變數影響我們的人生，永遠都要做最壞的打算，以及最好的準備。

再進一步討論，如果能養成節儉習慣，但是本業收入上升幅度緩慢，也會讓金錢的累積速度非常慢。所以在工作上，也需要想辦法讓主動收入穩定持續地成長；遇到瓶頸，收入上升遲緩，就需要想辦法突破。要是現有工作收入真的很難改善，那就自己創造第二份薪水，無論是兼差、跳槽、投資，各種方法都要去嘗試。盡可能尋求突破，不要停滯在目前的收入，人生才有可能愈過愈好。

節儉的生活，會讓你更容易設定財富自由的目標。如果你年花費 100 萬元，你就必須讓被動收入超過 100 萬元；如果年花費只有 50 萬元，那麼你達到財富自由的難易程度就會比 100 萬元簡單一半。

財富自由要件 2》透過記帳掌握消費支出

有了節儉的習慣，接下來就是要了解，這樣的生活模式一年需要多少錢？記帳可以讓我們了解一年所需花費，對自己的生活所需費用有初步的概念，你才能計畫未來要達到怎樣的目標，所以記帳可說是理財很重要的基本功。

每個人的家庭背景不同，出社會之後，生活圈、交際圈都會有所不同，因此每個人的消費習慣與價值觀也都很不一樣，生活費多寡就會有很大差異。但是我相信大家都會有固定的生活模式，有些人的居住成本和交通花費很低，餐飲花費很高；有些人餐飲費很低，但因為工作所需，交通花費很高。無論如何，都可以透過記帳讓自己了解，目前的生活模式一年需要多少錢來維持。

市面上有很多可以記帳的軟體或是手機 App，可是我喜歡用 Excel 來記帳，因為可以利用這些數據資料做進一步的分析，如果使用現成的記帳軟體，功能上就會有所受限。

圖 1 是我目前記帳的 Excel 樣式（註 1），概念非常簡單，將每月所有支出歸類為家庭基本開銷（例如水電瓦斯、電話費等）、稅金規費、食、衣、住、行、育、樂、其他等 9 大類別，再按類別記錄個別支出項目。

記帳只是記錄花費的過程，最後的分析才是最重要的；關於分析記帳紀錄，我認為可以掌握幾個重點：

重點 1》按分類記帳，並做年度檢討

網路上有各種記帳方法，有人喜歡鉅細靡遺的流水帳，也有人鼓勵重點式分類的記帳方法。而我認為記帳對我來說，是用來記錄和檢討用的。記錄自己生活模式的花費，在年末的時候檢討哪些模式需要改變。這樣一來才能讓生活花費得到控制。

註 1：讀者可以輸入「https://hyccyh.page.link/jovi5」，或是掃描 QR Code 來下載我的記帳本範例。

既然是記錄目前生活模式的花費，那麼在分析消費模式時，就可以先著重在哪一類的支出比較高。像是我的 Excel 記帳檔案將支出分為 9 大類，年終檢討的時候就可以看看自己花在哪一大類比較多？或是否有跟去年、前年相比高出許多？如果高出很多，我就會特別留意，在這個類別當中評估哪一個細項的花費能否減少。

另外，我知道自己很喜歡吃零食，所以在「食」這個大類當中，還會單獨把零食這一項目獨立列出來，並且統計一年在零食上面花了多少錢。例如，2011 年我發現我的零食花費竟然高達 1 萬 2,900 元，平均 1 個月花了 1,000 元，占比竟然比我在書報雜誌上花的錢還多。

不過，因為這樣的消費模式並不會影響我的儲蓄進度，我也不想犧牲享用零食的樂趣，所以我仍然維持原本的消費方式。如果之後財務方面需要進一步節省生活開支，再來檢討有無需要縮減或改善的部分。

重點 2》利用記帳改善自己的壞習慣

記帳這件事情還有一個特性，你愈常花費的項目，經過每天

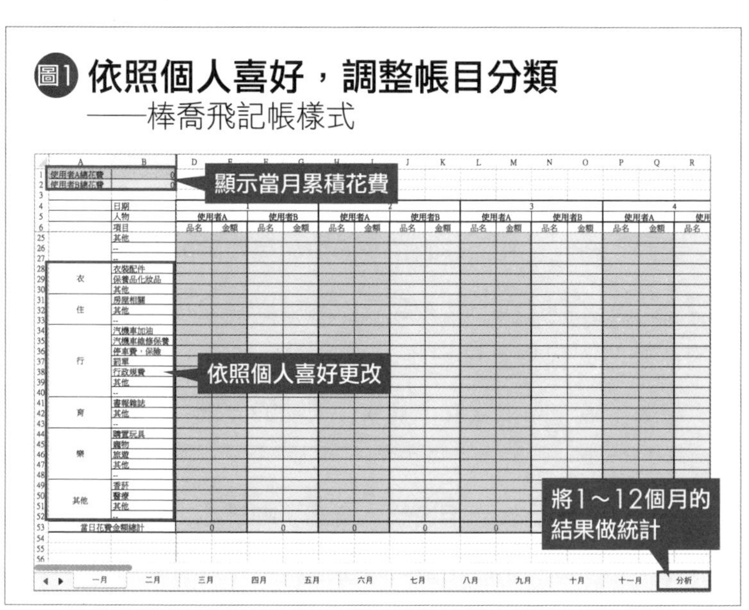

圖1 依照個人喜好，調整帳目分類
——棒喬飛記帳樣式

每月記錄，會發現每日不在意的花費，累積起來竟是如此大筆的金額。如果這項支出來自於自己的壞習慣，就是個很好的改善機會。

比如我以前有抽菸習慣，每天約花費 100 元，一個月就大約要花 3,000 元，一年就要花 3 萬 6,500 元；我知道抽菸有害身體健康，但又缺乏動力去改掉這個習慣。有一天我開始正視這件事——如果要產生一年 3 萬 6,500 元的被動收入來抽菸，我需要多少投資的金額呢？以殖利率 5% 來計算，就會知道我需要 73 萬元才能做到（＝ 3 萬 6,500 元 ÷5%）。

也就是說，我必須存下 73 萬元，利用 5% 殖利率的投資工具，才能支應我每天抽菸的花費。但如果我的財務計畫是一年要有 50 萬被動收入，只要戒菸，就可以減少花費，往自己設定的被動收入目標往前一步，同時有益健康，這不是一舉數得？想通了這一點，就成了我戒菸成功的契機。

除了香菸，另外像是手搖飲、檳榔、咖啡……等，日常生活有很多不知不覺支出的花費；藉由記帳，可以發現原來自己一年需要花這麼多錢在這上面，稍微換算一下就能知道，需要多少金額產生多少被動收入才夠去應付。當你發現這些支出可能會拖慢自己財富自由的速度，或許你就有動力減少甚至戒掉這些非必需的花費。

重點 3》提早準備重點花費項目

一般來說，我們除了日常生活的必需生活費之外，還會有些非生活必需、但已經計畫好的重點花費項目，比如一年一度的旅遊，或是購置 3C 產品（智慧型手機性能變差需要更換）等等。這些較大額的支出一旦產生，必定會吃掉大筆的儲蓄金額；所以當我們有這類需求目標的時候，可以想辦法「節流」，開始從其他地方去節省，像是降低外食的費用、少買幾件衣服，來減緩大額支出對於帳面上的衝擊。

比較積極的人也可以「開源」，透過額外的投資去賺取這個金額。也可以將這些待花費的項目排出先後順序，比如上半年先去旅遊，下半年再換手機等等。

分析記帳結果時，要趁機釐清哪些項目是「需要」？哪些項目是「想要」？不管是要籌措旅遊費這一大筆錢，或是想加快財富自由的速度，都可以透過優先刪減「想要」的支出以達到目的。

2-5 財富自由要件 3》精進本業才能累積投資本金

各位如果沒有富爸爸可以靠，那麼就要靠自己努力了。如果你也沒有創業的命，那就只能乖乖上班領薪水。我從進入社會大約 15 年的職場生涯當中，前 10 年基本上是沒有存到錢的。

開始工作的前 5 年，我和女朋友存到了買屋頭期款，在基隆市七堵區買下一間總價 150 萬元的公寓，並在接下來的 5 年內還清房貸，加上汽車一共擁有約 200 萬元的資產，但其餘就沒有多餘的存款了。真正有存錢的感覺，是從進入職場的第 11 年後才開始。

一般普通的上班族，應該也不會跟我有太大差別，這意味著你要在一家很不錯的公司待超過 5 年，當上一個小 Leader 或是小主管的位置，或者薪水至少要有超過基本生活支出一定的程度，才有辦法開始存一點錢。若只是一個小職員，薪水大約只夠支付基本生活開銷，是很難累積資金的。所以本業的精進，我認為在計畫達成財富自由的前期，是非常重要的一環。

了解自己的工作，想辦法提升能力

你的工作是屬於可以累積能力的類型嗎？如果你是一個便利商店員工，可以思考自己的職涯能累積到什麼能力？參考職場前輩的生涯變化，就知道在這個工作環境繼續打拼，以後會變什麼樣子。

例如便利商店的員工，在熟悉商店的運作後，若積極學習經營的知識，或許未來可以規畫申請創業貸款，自己開一家便利商店擔任老闆。

當然，也不是每個在飯店工作的職員都能成為亞都麗緻大飯店前總裁嚴長壽；那麼多挑米的工人，也只有一個能成為台塑集團創辦人王永慶。想要讓收入有效提升，就要想辦法累積能力，或者選擇可以持續學習與成長的工作，所謂家財萬貫不如一技在身，也是類似的道理。

各行各業，不管是從事音樂創作、營造業師傅、科技產業研發工程師、咖啡店員工，都要想辦法在工作中累積自己的專業能力。

著有《異數》的作家麥爾坎・葛拉威爾（Malcolm Gladwell）指出，要擁有出類拔萃的技能，至少要累積一萬小時的持續練習。我想，一萬小時應該只是個大略數字，重點在於，要成為某個領域的專家，一定要經過持續不斷地訓練，累積經驗與能力。

我本身就是一個很標準的例子。我從一個技術人員、光華商場的小工程師，一路轉換職場到進入台灣前五大電子製造商仁寶電腦；或許工作能力不是特別卓越，但我從事的是一個可以持續累積能力的工作。一個人能夠向上爬，除了能力之外、機運、人緣、個人應變都會造成影響，但如果沒有持續累積，就算有好的機運和人緣，也很難更上一層樓。

若不滿意目前工作，應積極尋求對策

所以首先你要了解自己的工作內容，是否是可以累積專業；若答案是否定的，那就找出自己的興趣，或是找到你有能力勝任的工作去做，不管是跳槽、轉換跑道，都是解決的方法。

如果你從事一個自己很有興趣，也可以累積能力的工作，但是公司規模不大，隨時會倒閉然後裁員，那你得不斷地跳槽，跳到自己滿意的公司為止。

如果你在一個很有發展性或很穩定的公司，但是主管很機車，這時候你該怎麼辦？我想你可以找各種工作的機會，嘗試和其他部門的人接觸，然後等待機會換部門。

如果你在一個不錯的公司待一陣子，累了，有存到錢但還不夠多，擔心不工作會沒收入，也怕找不到其他條件更好的公司，那麼或許可以考慮先換到比較輕鬆，而薪水相對較少的部門或工作職務，在享有同樣公司福利的環境繼續成長。

如果現在待的部門，上有一堆老屁股，公司文化又是按照資歷來晉升，那麼你可以算一下還要多久才會輪到自己升職。若很長的時間都升遷無望，薪水也很難增加，或許也應該找機會跳離這個環境，替自己尋找出路。

以上各種職場可能遇到的狀況，都是自己可以透過思考，以及觀察前輩的職場發展狀況，推理自己在未來幾年會變成什麼樣子。如果預見的未來是不好的，是受到阻礙的，那就應該想辦法突破，而不是坐以待斃。

我在上一篇文章有提到人生是許多 6 年時光的組合。我認為 24 至 30 歲是適合大家到處換工作、闖蕩，尋找自己興趣以及找到適合自己的公司非常重要的階段。如果你在 30 歲找到一家好公司，待個 6 年到 36 歲，我相信 36 至 42 歲會是你的黃金期；收入、職位和經驗，都可以在這裡快速累積。一旦你超過 30 歲沒有找到興趣，去發展一技之長，要找到好工作的難度會高出非常多；因為同樣缺乏經驗，大部分公司普遍會錄用更年輕、對於薪資要求不高的社會新鮮人。

不要懶散，不想脫離舒適圈，不要一直待在原地，你的未來就是現在不斷累積的結果。

2-6 財富自由要件 4》透過 2 方法了解自己

在工作一陣子之後，你的個性會因為職場或是社會經驗而產生改變。這時候你必須了解自己的個性是什麼樣子，了解自己，才知道自己適合什麼樣的道路，未來才不會感到茫然。

了解自己的方法，就是透過「自我修練」以及「培養多元興趣」。這要靠自我的行動力和執行力去解決，不要只會每天晚上想，隔天起床又做一樣的事情。執行力是一切事情的發源，一切事情的觸發點；沒有執行力去觸發人生某個任務，就算上天要給你一個機會你也無法掌握。

方法 1》持續對話，做自我修練

這裡的修練不是像武俠小說裡的武功高手，要跑到瀑布下面去打坐，而是要常常和自己對話。

遇到挫折的時候，你會幫自己打氣加油嗎？遇到困難的時候，你會第一時間尋求協助，還是先想辦法自行解決？你會不會趁著獨處的時候，好好思考未來應該往哪裡走？

這些問號，都是要靠自我對話來找出解答；別人給的意見和幫助，最後還是要靠自己消化，成為根深蒂固的習慣。心中所有的疑惑，只有靠自己去找出答案。

所以我們必須要了解自己，個性是八面玲瓏善於交際，還是內向木訥但喜歡鑽研學問？就像是到銀行買共同基金之前，銀行都會請你填寫一份問卷，寫完之後，可以協助你大致判斷出你的個性適合的投資商品風險程度。這就是為什麼你要了解自己的原因，當你個性保守，卻買到高風險的投資商品，這樣是不可能會賺錢的。

和自己對話，了解自己，才能幫助自己。而你為人生所做的任何決定，還得加上「責任感」，才能離成功更近一步。

很多人不敢創業，那是因為害怕創業失敗造成的損失。當個職員，不管公司成功或失敗，都會有薪水可以領，所以很多人選擇領薪水而不是創業，因為領薪水不用替公司營收負責。

有些人儘管知道，未來繼續待在這家公司的發展並不好，但又害怕換到其他職場的未知風險；所以選擇逃避，繼續待在原有公司的舒適圈，這也是對自己未來不負責任的做法。

如果知道自己本業發展不理想，那麼把投資當成第二專長也能對自己的未來有所幫助；可是，若因為害怕失敗或根本懶得嘗試，不願意去找到增加收入的機會，也是對自己缺乏責任感的做法。

責任感也有助於提高判斷力，面對生活各種問題會自然做出最有利的判斷；一個有責任感的人，不會輕易讓生活費透支，不會在資金吃緊的狀況下還到處出遊享樂。

人生的路上，我偶爾會遇到一些人不認同我的價值觀。他們會質疑，為什麼我在某些方面要那麼節儉？為什麼有些事情我要想那麼多？為什麼要投入這麼多資金在股市？現在文明病一堆，搞不好哪天出車禍或生病，還沒享受到就先走了。

我的觀念是，抱持這種想法的人，傾向於及時行樂，也是對自己的未來不負責任的行為。投資是為了未雨綢繆提前累積退休金，是年輕的自己替年老的自己負責任的展現。

方法 2》培養多元興趣，締造未來新契機

蘋果（Apple）公司創辦人賈伯斯（Steve Jobs）在年輕的時候，在學校學了字體設計的課程，當時只是覺得可以將一些字體寫得美美的，感覺很棒。隨後過了幾年，他為蘋果的電腦作業系統中導入了獨特的字體美學。

我們永遠不知道現在學的東西，將來什麼時候會用到。我為什麼要寫書？因為我知道自己的將來，會因為我寫了這本書而產生一些改變，只是不知道什麼時候改變會到來。也可能有讀者看了這本書，改掉過去不適合他的投資方法，開始用最適合他的方式，靠投資逐漸達成財富自由。

如果沒有多方面的接觸和學習，你將永遠不知道原來自己在某個領域表現出色，也不會知道你現在所做的嘗試會帶來什麼機會。

以我為例，我每隔幾年就會玩不一樣的東西，常常被親友說我玩物喪志、做事情都是 3 分鐘熱度。例如在求學的時代我玩摩托車，每天放學後，常常往台北市延平北路的機車材料行跑。出社會之後看了日本節目的電視冠軍，開始玩遙控車。朋

友的孔雀魚生了小魚，又開始玩水族。有陣子台灣瘋單車，我也自己買了摺疊車然後研究改裝。到中國工作之後，因為跟自己獨處的時間比較多，所以開始研究財務規畫。

我以前也很疑惑，我這樣的個性，是不是會像長輩所說的，對每件事情都 3 分鐘熱度的人，永遠不會成功？這輩子都沒有成就？

現在想想也不盡然如此，我發現自己喜歡接觸各式各樣奇怪的事物，是因為我喜歡研究的過程，享受動手完成之後的成就感。經歷得愈多，發現原來很多事情都是有關聯的。

所付出過的努力，往往會在最意想不到的時候派上用場。我們曾經花時間努力玩樂學習，所創造出的連結點，將來會和什麼事物連結、締造什麼成就，現在很難知道。但可以確定的是，當你創造出愈多連結點，將會有更多的可能性；每當接觸新的人事物，生命就會產生新的觸發點。

例如我在求學五專時期喜歡玩電腦，參加職訓的時候就選擇學習電腦網路，後來成功在科技業找到有穩定收入的工作；我因為曾經接觸學習法拍屋，在原本的住處無法繼續住下去之後，順利在法拍屋市場買到適合的房子自住。

我在工作階段的時候自主學習理財，因為真心對理財與投資充滿熱忱，持續在部落格寫文章分享心得，小有成績之後接受了媒體採訪。45 歲提前離開職場後，轉而將重心放在我喜歡的理財寫作領域。

以上都是我透過不斷學習和接觸，發掘自己的興趣、熱忱和潛能，讓人生得以過得愈來愈自由、愈來愈舒適的真實經歷。

在發展興趣的過程中，我常常會進入「渾然忘我」的境界，意思是「物我合一，忘記了自己的存在」。例如，看電影或打電動的時候，融入了環境和氛圍，彷彿自己成為電影或遊戲中的主角，工作的煩惱和生活的壓力，都在那一瞬間消失、不存在了。

當你對每件事情都很有興趣，做的時候都可以渾然忘我，那你就離成功不遠了。辛苦澆注了所有心力、智慧和時間，這件事情怎麼會不成功呢？如果你的工作就是自己的興趣，當你工作的時候可以渾然忘我，相信你一定能在本業工作擁有非凡的成就。

你可以為了它忘記吃飯，想到走路恍神，無時無刻都在想它，這就是你的熱忱所在。如果沒有這些興趣或熱忱，你平常的空閒時間會沒事做，就算財富自由不用上班之後，你也會過著無聊的退休生活。

那麼要如何知道興趣在哪裡呢？我認為有以下幾個方法可以幫助你了解自己：

1. **發自內心的微笑：**你有沒有在做什麼事情的時候，會不自主的展現真心的微笑？比如在看書的時候，整個人進入了書本的世界，隨著故事心情上下起伏。或是維修完某個東西、烹調出美味的菜色……出現了充滿喜悅的滿足感？把這些時刻記錄下來，你就會漸漸知道自己的興趣所在。

2. **詢問親友：**「當局者迷，旁觀者清」這句話有其道理。詢問親近的家人或朋友，請他們談談在他們眼中，你擅長什麼？喜歡做什麼？不喜歡做什麼？有時候旁觀者可能會比你自己還要了解你。

3. **培養熱情和興趣：**脫離舒適圈，多多嘗試沒有做過的事情，不論是運動、休閒、勞務等，你可能會意外發現某些事物其實很適合自己。

在工作或是學習階段，別忘了偶爾停下腳步，去尋找自己的興趣、熱忱，都有助於你尋找未來要轉換的職業跑道，或是財富自由之後的人生方向。

2-7 財富自由要件 5》了解不同投資工具特性

市場上有各式各樣的投資工具，當你充分了解它們的特性，並實際去接觸，就能從中篩選出適合自己的；一旦投資到和自己不對盤的，再怎麼努力學習投資技巧，也很難成功賺到錢。

大家較常接觸的投資工具，包括了股票、債券、基金、外幣、貴金屬和房地產等（詳見表 1），以下就來看看它們的特性：

股票》資金門檻低，長期投資人可選擇存股

股票交易方便且資金門檻低，我認為是一般人比較容易切入的投資工具。資金不足時可以買零股，資金充足時可以張數為單位進行買賣。

股票的用途是讓企業集資，讓投資人變成公司股東，分享公

司獲利。最簡單的投資策略是長期持有好公司的股票，持有期間可領取公司自盈餘分配出的股利，並且享受股票增值。

有些投資人善於觀察產業循環、公司基本面，買進個股，等待產業景氣回升或公司出現明確轉機時賺取價差。也有人擅長從股價技術面角度切入賺取價差。但若是沒有任何策略，只是嘗試預測股價變動而盲目買賣，比較像是賭博而非投資。

另外，股市也有期貨、權證、選擇權等衍生性金融商品市場。例如「指數期貨」是把指數高低變成一種商品，讓買賣雙方針對指數點位進行對賭，是一種形同賭博的零和遊戲，一個人賺，另一人就賠；這樣的行為並沒有任何的生產活動，獲利者屬於賭贏的一方，以及身為莊家的政府和證券期貨公司。

若想在股市投資賺到錢，必須認清你的投資初衷。願意成為公司股東，享受公司獲利，有耐心等待股票資產慢慢上升的投資人，就很適合以存股的方式投資股市。

基金》不需自行選股，被動投資者最愛 ETF

基金是由投資信託公司（簡稱投信或稱基金公司）發行，募

常見的投資工具可分為6類

——常見投資工具

名稱	內容	特性	投資前應有的準備
股票	公司股權憑證，股票投資人為公司的股東	股東持有股票期間可領到公司配發的股利，也可交易股票賺取價差	認真研究股票市場；能接受股價的波動風險；了解股票投資可賺錢，但操作不當也會損失本金
基金	由投信公司集合投資人的資金投資一籃子標的，又分為主動式或被動式基金	投資標的數量多。主動式基金經理人的操盤表現會影響績效；被動式基金績效貼近指數	投資人不需自行選股，但需理解基金類型特性再進行投資；了解基金淨值的波動也可能有損失本金的風險
債券	公司債權憑證，債券投資人為公司的債權人	持有期間可領到利息；債券持有到期可領回本金	願意關注並接受利率變化對債券價格的影響；能理解債券價格也會有波動變化
外幣存款	外國貨幣	持有外國貨幣，賺取利息或價差	國家的經濟環境會影響匯率變動，想賺匯差就必須密切關注匯率變化
貴金屬	黃金、白銀、白金……等具有投資價值的金屬	沒有利息，但長期趨勢向上	能理解貴金屬是不會產生利息的商品；短中期價格會波動，長期為上漲趨勢
房地產	房屋、土地的所有權	房地產為實體資產，長期呈增值趨勢；可自住也可投資（出租賺租金或買賣賺價差）	房地產是實物的買賣，交易手續較繁瑣；出租需花心力管理，短期交易則需支付高額稅金

集眾多投資人的資金，由投信公司代為投資股票或債券等標的。基金依照選股方式又分為 2 種：

1. **主動式基金**：由基金經理人主動選股，基金表現取決於操盤者功力，可能會貼近、優於或劣於大盤表現。

2. **被動式基金**：追蹤特定指數，依照指數成分股買入投資標的，基金表現會貼近指數表現。目前在台灣投資市場很受歡迎的 ETF（指數股票型基金）就是一種可在證券市場交易的被動式基金，在台股最具代表性的就是追蹤台灣前 50 大權值股的元大台灣 50（0050）。

我曾經投資過台灣投信公司的某幾檔主動式基金而賠了不少錢，或許是我自己眼光不好，但我也發現台灣投資人其實很難分辨基金的良莠。

已經不止一次在新聞報導上看到，某某基金經理人拿投資人的錢幫主力護盤，或是用人頭帳號買股票，再用基金的資金拉抬股價自肥；就算被抓到，受到的處罰也不重，投資人只有吃虧的份。2020 年甚至爆出勞動基金交給投信公司代操，先買進特定公司股票讓股價上漲，最後倒貨給勞動基金，造成勞動基金產生上億元虧損，其中甚至有政府官員涉案。

因為法規不嚴謹、人為弊端很難掌握，我個人不敢再投資國內基金；若真的要投資，我會盡量選擇由國外基金公司發行、成立時間長、具備優良信譽的基金。

國外基金的投資標的多元，不局限於台股，投資人可藉此投資到美股、海外債券、海外 REITs（不動產投資信託基金），或是直接投資以全球股市為標的的基金，擴大投資範圍。只是國外基金的手續費一般比股票交易手續費高，也會有較高的經理費成本，投資前也可以納入評估。

債券》若信評佳可穩定獲利，宜透過基金持有

債券的性質和銀行存款有些類似。你把錢放在銀行，意思是把錢借給銀行，在你存款期間可以領到銀行給的利息，存款到期時拿回所有本金。債券則是你把錢借給國家或公司，持有債券期間領利息，債券到期時領回所有本金；所以跟你借錢的人信用好不好，會成為這筆債券投資是否會賺錢的關鍵。

銀行存款有沒有風險？在台灣，只要是合法的金融機構，就

必須加入中央存款保險制度；就算銀行倒閉，國家的「中央存款保險公司」會提供存款戶最高 300 萬元的保障，所以定存可以說是穩賺不賠的投資工具。

債券不像銀行有保險，投資人能不能拿回本金，取決於發行債券公司或政府的信用。投資人可以選擇信用評等好的債券投資。不過，因為債券發行的面額相當高，一般投資人很難自行買入，因此可以透過債券基金或ETF，一次持有一籃子的債券，還能達到分散風險的效果。例如近年很受歡迎的有美國政府公債、投資等級公司債券以及不同產業主題的公司債等。

其中，以美國公債而言，因為美國政府的信用好，美國政府倒閉機率低，因此美國公債也被市場視為無風險的投資工具。而提倡資產要均衡配置的投資人，也多會同時持有股票與公債，以平衡整體資產波動。但要注意的是，債券價格在市場上交易時仍會有價格變動，如果以賺價差心態投資債券，須懂得掌握債券價格與市場利率之間的關係才有辦法賺錢。

外幣存款》善於判斷匯率變化，才有機會獲利

外幣存款是用本國貨幣換成另一個國家的貨幣並存在銀行帳

戶，若要賺取價差，需在外國貨幣貶值時買入、升值時賣出，而持有期間也可以領取外幣存款利息；只要是台灣金融機構承作的外幣存款，也同樣能享有中央存款保險的保障。

投資貨幣看起來很簡單，其實不然；貨幣就像一個商品，很多人買就會升值，很多人賣就會貶值，國家的經濟環境與政治情勢也會影響匯率的變動，這都是投資人在買外幣前必須做的功課。

另外，每個國家的政策環境不同、利率環境不同，所以存款利率也有很大的差異；以人民幣存款來說，在中國開戶存款可以找到 2% 以上的定存利率，但在台灣的存款利率不可能跟中國一樣。而且一個國家的利率也會有所變化，若利率水準降低，存款利率也會調降，因此也不要期待貨幣會長期提供高水準的利率。

若無法精準預測外幣會貶值或升值，就會有套牢或賠錢的風險，你以為某國貨幣已經貶值很多，應該是低檔了，沒想到卻繼續貶值；即使存款利率高，也難以填補貶值造成的損失。由於貶值是在外幣換回本國貨幣時才會產生損失，如果一直不願意換回，這項投資也形同套牢，不可不慎。

貴金屬》不會產生利息，但呈長期上漲趨勢

貴金屬包含了大家都耳熟能詳的黃金、白銀或白金等；投資工具則有實體黃金、黃金存摺等。貴金屬不會有利息，因此不會帶來現金流，不過仍呈現長期上漲的趨勢，因為貴金屬長期有個人收藏或工業用途的需求；只要人類社會一直存在，貴金屬就會持續被交易。再加上貨幣市場的紙幣長期貶值，各國之間交易的媒介都是紙幣，持續擴張的紙幣追逐有限的貴金屬，也造就了用紙幣交易的貴金屬，長期趨勢呈現上漲。

由於獲利了結的時間點無法預測，所以若要投資貴金屬，必須使用長期資金，即使帳面虧損也不會對財務造成壓力。若是資金規模很小，或是資金無法等待太久的話，那麼貴金屬投資也不是非得持有，畢竟還有其他能讓資金運用更有效率的金融商品。

房地產》在通膨環境下，價值長期上漲

在通膨環境當中，房地產毫無疑問的是會長時間上漲的資產，也是對抗通膨的理想工具，尤其土地是有限的，無限的貨幣追逐有限的資產，就會讓土地價值水漲船高，這也是「有土

斯有財」的道理所在。

除了自住外，也有許多不動產投資人選擇當包租公收租，或是等未來上漲時賣出賺取增值獲利。例如 30 年前，台北市的房子可用 300 萬元買到，30 年後增值為 3,000 萬元。華人社會長期以來，都有成家立業一定要有自己房子的觀念，一直都有自住的剛性需求，所以房地產一直是很重要的投資資產。

房屋是實體資產，買賣過程的手續較為繁瑣，若要當房東，必須花費心力管理房子，並且承擔租客品質不佳的風險。若要靠房價上漲賺取價差，由於政府也不樂見投資客靠買賣房屋獲利，近年推出的房地合一稅，都讓短期持有房屋者面臨相當重的稅負，這些都是投資房地產之前必須要有的心理準備。

而以買房自住來說，最好能精算資金能力能否負擔房貸支出；一旦每月房貸金額太高，就會壓縮其他投資項目可投入的金額，或是排擠其他花費而降低生活品質。若突然面臨失業、重大變故而繳不出房貸，也會導致房屋遭法拍，因此在買房之前務必考量清楚未來的支出，算清楚可負擔的金額再做決定。

剛開始買房，為了降低負擔，可以考慮用較低的價格，買距離市中心較遠、但交通還算便利的地點，例如在台北市上班，就可以從大台北生活圈的蛋白區如基隆市、新北市淡水區、土城區、三峽區、新店區等地點去尋找；若要靠近市區，擁有更便利的生活機能，又想控制預算，就得從買小屋、老屋的方向去尋找適合的房屋物件。

只要能控管好資金，就能在買房自住的同時，也持續做其他投資。以我為例，我在精算貸款支出後買下法拍屋自住，仍有多餘資金可以繼續存股，在可承擔風險範圍內，利用房價的增值進行房屋增貸、擴大股票投資部位，發揮更大的資金效率。

及早多方接觸、學習，找到擅長的投資工具

投資工具非常多，我相信新手一開始很難只投資一種商品，大多數都會像我一樣什麼都想學、什麼都想投資看看。既然如此，那就趁著資金不多的時候，盡可能接觸各種有興趣的商品，這樣一來，就算賠錢也不會損失太多。接觸的時間愈長，你會愈有心得，愈能從中得到經驗。然後再依照個人的性格和習慣，找出適合自己的投資方法。

舉例來說，我以前曾趕流行投資原物料基金，買進後遇到淨

值快速下跌，我應該加碼、停損還是不管它？當時我不知道原物料為什麼漲？為什麼跌？始終無法有效獲利，我發現自己實在無法掌握基金投資的竅門，放棄是最好的辦法。

我也曾經嘗試投資外幣，各大主要貨幣都買，結果遇到美國量化寬鬆政策以及歐洲國債風暴，外幣投資的下場也很難看。我也投資過黃金，倒是賺過一點小錢，我當時是採取黃金存摺定期定額投資，並且在獲利 20% 時停利出場。

唯一能讓我穩定獲利的就只有存股，當我在 2009 年發現到這一點，就開始專心投入股票投資，賺取每年產生的股息收入、享受持股的增值。

截至本書截稿，目前我的資產幾乎都是股票，另外加上一戶自住的不動產，我很滿意自己的資產現況，也不打算再增加其他的投資工具。投資重質不重量，只要找到自己擅長且熟悉的投資工具，然後重複執行，就能成功累積愈來愈多的資產。

2-8 財富自由要件 6》設定目標並定期追蹤

一定要設定目標，才知道為什麼而努力；此外，還要將需求量化，分別訂定每年的目標，靠著循序漸進達成每年目標，進而達成最終目標。

1980～1990 年代活躍於台灣樂壇的知名歌手李恕權就是最好的例子。他有一篇文章〈想像 5 年後的你〉，前幾年曾在網路上廣為流傳。這篇文章是來自他 2000 年出版的著作，敘述了一段很有意思的故事——他在 19 歲時於美國德州休士頓一邊念大學，一邊為美國太空總署（NASA）工作，即使生活極度忙碌，一有時間仍會將精力投入到音樂創作。

渴望從事音樂工作的李恕權，苦無接觸音樂工作的機會。有一次他和合作寫歌詞的朋友暢聊未來的人生，朋友問他：「想像你 5 年後在做什麼？」「你那個時候的生活是什麼樣子？」

李恕權是這麼回答的：「第一，5 年後我希望能有一張很受歡迎的唱片在市場上發行，可以得到許多人的肯定；第二，我要住在一個有很多很多音樂的地方，能天天與一些世界一流的樂師一起工作。」

先設定長期目標，再回推年度目標

朋友提醒他，如果他希望 5 年後過著期望中的生活，那麼，在未來的第 4 年，是必要成功簽下唱片合約，並且擁有一個自己的工作室；第 3 年必須有完整的作品，並且與圈內音樂人一起工作；第 2 年一定要有好作品開始錄音；第 1 年則要準備好要錄音的作品，而且這一年不應該還待在德州，而是應該在音樂重鎮紐約或洛杉磯。而在第 6 個月要修飾未完成的作品並進行篩選；第 1 個月得要把現有的作品完工；第 1 個星期，必須列出清單，找出要修改或完成的作品。

李恕權就在隔年 1977 年辭去 NASA 的工作，搬到了洛杉磯。1980 年在美國發行專輯。1983 年他在台灣發行的專輯紅遍大街小巷，幾乎天天與一流的音樂人一起工作。雖然不是在第 5 年，卻也約莫在第 6 年之後，李恕權實現了當年訂下的目標。

暢銷書《有錢人和你想的不一樣》這本書曾提到，當你把願望和目標設定得多大，就會得到多大的成果。以財富自由而言，我們的目標不宜太小，否則未來恐怕滿足不了自己。

例如，你可能認為未來每月只需要花 1 萬元就好，打算存到 500 萬元就退休，這樣 500 萬元可以支撐大約 40 年的支出。不過，受到通膨的影響，現在的 1 萬元過了 20 年，購買力或許只剩下 5,000 元。再加上還有其他想像不到的開銷，所以要用 500 萬元支撐 40 年的生活，很可能不敷使用。

長期目標訂得大一點，一開始可能會覺得目標遙不可及，不太相信自己有能力辦到；但是分成 5 年或 10 年達成，每年只需要達成當年的年度目標，似乎就不是那麼困難了。

我提過，我設定的財富自由目標是被動收入 100 萬元，其實更準確地說，應該是「被動收入達到日常生活開銷的 2 倍」。因為被動收入一定是先以滿足日常生活開銷為第一目標。而我透過記帳，知道自己和女友每年的花費大概是 50 萬元，這個金額對我們來說就是最基本的需求，也是被動收入的最低目標金額。但我希望在離開職場後，還有餘裕可以旅遊、支應臨時支出，以及應付未來通膨造成的購買力降低問題，所以我設定被動收入要達到目前生活費的 2 倍，作為財富自由的標準。

定期追蹤進度，並視情況進行調整

我們在 2009 年訂下「2015 年被動收入要達到 100 萬元」目標之後，接下來則是訂出年度目標，例如幾年內，每一年都必須投入多少本金，創造出多少殖利率的存股組合，並列出明確的計畫。

實際執行年度計畫之後，還要定期追蹤進度；如果沒有按照預期進度執行，就得找出原因，並且想辦法改善。

追蹤進度時最好能定期進行，像我雖然沒有天天打開電腦做記錄，但我一定會在每個月統計一次總資產，定期了解資產狀況離目標還有多遠。

剛開始執行計畫還算相當順利，但我漸漸發現，要在 2015 年達成目標不太可能成功。2014 年被動收入到達 50 萬元的時候，我遇到了存股的「撞牆期」；儘管此時被動收入已足夠應付基本生活所需，我身上也還有一些存款，但我不能把這被動收入花掉，因為我的目標是生活費的 2 倍，我還是要把這些被動收入繼續再投入存股。

這個狀態對於物欲不高的我來說，其實還是有點痛苦的，我當時感到自己變成了每天工作就只為了提高存款數字的機器；而科技業的高壓工作對身體造成的壓力，也不再像年輕時可以輕易消化，隨著年紀愈大，身體反抗的程度就愈劇烈。

既然身上有存款了，生活花費好像可以靠被動收入應付就好，我為什麼還要犧牲身體健康天天工作？存了錢卻不能花，存的進度又不如預期，到底還要撐到什麼時候才是終點？這樣的念頭出現後，曾經讓我迷失了一段時間。

為了一吐悶氣，我決定給自己一個獎勵，獎勵達成被動收入 50 萬元這個里程碑；所以我在自己 40 歲生日之前，到保時捷（Porsche）銷售中心訂了一輛入門車款 Macan。

買這輛保時捷汽車的目的，一方面是滿足個人的夢想，一方面是要讓自己面對「欲望無窮」的考驗。我希望擁有過這輛車之後，也從此停止對名車的購買欲。相信你也有類似的經驗，當心中有了想擁有的東西，在搜尋資訊、比較、挑選到下單的過程中興致勃勃，但一旦真正購買了這個東西，熱情就會急速消退。

買這輛車的經驗也一樣，購買之前充滿了期待，等真正擁有之後，就會發現高級車也不過就是這麼一回事。開了 2 年半，我就將它轉手賣出了。我把「買保時捷」當作人生當中一個特殊的體驗，這個經驗也讓我從工作壓力中暫時獲得喘息空間，整理好心情後又繼續努力工作賺錢。

目標儘管遙遠，可是你持續往前進，總會有到達的一天。雖然比預期晚了 5 年，但我還是突破了撞牆期，透過轉換存股策略，達成了當初設定的「被動收入達到 2 倍生活費」的目標。當人生旅途上有了目標，你便會四處搜尋並收集可以幫助你達成目標的方法，朝正確的方向前進。

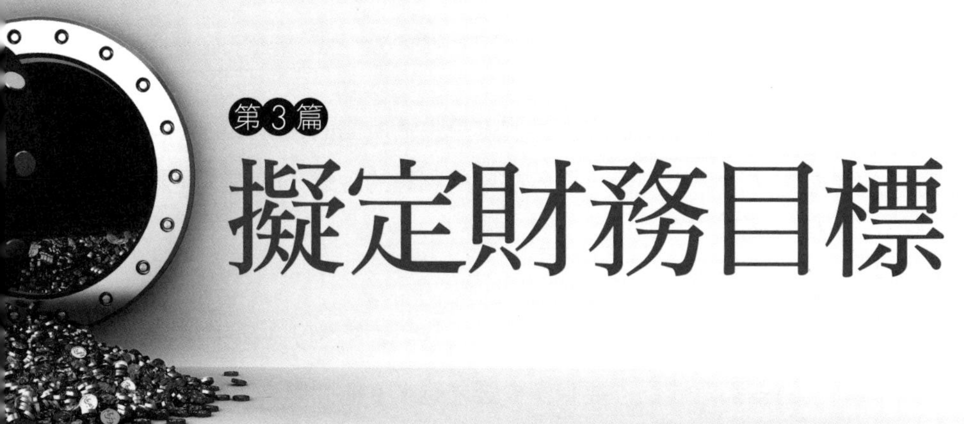

第3篇 擬定財務目標

先解決財務上的心理問題再解決數學問題

金錢的基本用途是交換我們維持生活所需的資源，而在滿足了基本生活需求之後，要怎麼運用剩餘的金錢，就是「理財」的課題了。

錢可以滿足當下的欲望，也可以先存下來以應付未來的花費，這些都牽涉到「要賺多少錢才夠？」的問題。吃飽之後，會想要吃更好；買輛車代步，接下來會想換更高級的車；存錢買了第一個名牌包，然後又想添購下一個；想早點退休，又擔心存的錢不夠花……綜合以上問題可以發現，人生的財務問題大多數是心理問題；心理問題解決了，接下來就剩下數學問題。

我認為，解決數學上的問題，比解決心理問題還要簡單。數學問題只是單純的計算問題，但心理問題，是我們自己的問題，而且往往不容易克服。

我們會因為自己心理上的恐懼、擔心、貪婪、欲望、而做出很多奇怪的決策，而這些決策都會影響我們的財務。舉一個發生在我身上的例子 ，我以前也認為絕對不能借錢投資，一不小心被斷頭，錢就蒸發了！所以我都秉持著絕不借錢投資的原則，多年來都乖乖地存股。直到我統計 2011 年～ 2018 年的紀錄，發現我的存股組合每年都有 5% 以上的殖利率，整體資產也都向上提升，但因為股價普遍向上漲，使得我的股利增加速度比預期慢了許多。

因此 2019 年認識到「股票質押借款」這個項目時，我發現原來還有這種工具，可以讓我那些躺在集保帳戶裡的股票發揮更大的用途，我也開始改變對於使用財務槓桿的排斥心態；畢竟，適當的借貸可以用來「活化資產」、提高報酬率；過度的借貸才是「賭博」。

定義清楚之後，我的心理狀態沒問題了。一方面是我用過去的數年證明，我能靠投資獲得穩定的被動收入現金流；另一方面是我找到了適當的活化資產工具，讓我有把握在風險得到控制的情況下賺取更多獲利。

剩下的就是數學問題——當我用股票質押借款買入股票，只要創造至少 5% 的被動收入，並確保借款利息約為 2%，我就能獲取至少 3% 的獲利。

效法 FIRE 精神，著手執行財富自由計畫

記得有一次跟一位已經財富自由的朋友聊天，我問他為什麼還要繼續工作？他的回答是「我缺買奢侈品的錢」。如果物欲難以滿足，就無法估算實際的金錢需求，距離真正的財富自由就會很遙遠。如果你無法賺很多錢，那就說服自己不用花錢也可以快樂地過生活，不用花太多錢去滿足無謂的物欲。

近年非常流行的「FIRE」運動，也和個人心理因素相關。FIRE 是英文簡稱，全名為「Financial Independence Retire Early」（財務獨立，提早退休）；依照每個人不同的生活方式和消費習慣，又產生了 3 個流派：

1. 極度節儉的「Lean FIRE」：極簡的生活支出，讓被動收入只夠應付日常生活開銷就不工作，優點是可以及早進入 FIRE 狀態。看起來非常吸引人，但這也是相對危險的一種狀態；因為這沒有考慮到通膨降低購買力的衝擊，長久以往恐怕會捉襟見肘。況且，生活一旦稍微出狀況、需要大筆金錢支出的時

候，原本準備的金額就會不敷使用，只得被迫重新回到職場。

2. **有錢人的「Fat FIRE」**：除了正常生活花費外，還有很多額外的被動收入可以維持較高消費的生活水平，例如旅遊、買奢侈品等行為，應該也是多數人最嚮往的財富自由狀態。

3. **半退休的「Coast FIRE」**：趁早在年輕時盡可能透過投資以儲備退休金，當退休金帳戶累積到一定程度的金額時，光靠複利效果的累積，就可以支撐你未來真正退休後的支出需求；此時你就可以進入 Coast FIRE 狀態，也就是不必再多投入新資金到退休金帳戶，同時選擇一個低壓力、收入可滿足於日常生活開銷的工作。

為什麼人要追求財富自由，提早退休呢？有的人是想要擺脫目前厭惡的工作，有人是想要多一點時間，做自己覺得更有興趣的事情。

2016 年 6 月 5 日，瑞士舉行公投，公投的項目為，是否同意每月向每名成年公民，無條件發放約 2,500 瑞士法郎金額的生活費。反對者約 76.9%，贊成者約 23%；投票結果雖然失敗，但是這也代表有 23%，接近 1/4 的人，想要藉由這個機制擺脫目前的工作，去從事自己喜歡的另一件事情。

比如關心流浪動物的族群，可能因為自己必須工作，有收入之後，閒暇時間才有辦法去照顧流浪動物。但是如果政府發放了基本生活費，那這些人就可以全心去照顧那些流浪動物，做他們想做的事情。

很多利他的行為，都需要有金錢作為後盾。若自己沒有基本收入，如何去照顧別人？這是瑞士這項公投的初衷，希望藉由政府發放基本工資，釋放人民的財務壓力，讓人民從事更多利他或是創造的行為出來。但反對派覺得，這會讓人完全不想工作、失去生產力；或是其他國家的人會因此移民到瑞士領這筆錢，造成政府財政壓力。

無條件獲得基本工資，確實容易被視為「不勞而獲」，那麼我們就靠自己累積一筆錢，靠著投資的利潤，發基本工資給自己！同樣的，這也需要解決心理問題和數學問題。

FIRE 運動的心理問題

為了存到足夠未來退休生活使用的退休金，在準備資金的期間，我們勢必得減少花費或增加收入，也就是所謂的開源節流；

乍看之下這似乎是數學問題，然而在我看來，這是心理問題。

減少花費有助於存錢，卻必須縮衣節食，不能有一點差錯或是支出較大筆的花費。不想過太節儉的生活，就只能把存錢的時間拉長，用更長的時間增加被動收入。

而增加收入則意味著，你必須更努力工作以獲得更高薪的機會，或是花更多時間與心力去創造第 2 份以上的收入，這也不是所有人都願意去嘗試的。

無論是減少花費或增加收入，代表著生活會受到限制和承擔更多壓力，要解決這樣的心理問題，當然需要誘因，像我就是說服自己，先犧牲眼前的享樂，就可以愈早離開高壓的工作環境，提早過著自由自在的人生。當我們願意接受用當下的犧牲換來未來更好的人生，接下來就只需要解決數學問題了。

FIRE 運動的數學問題

FIRE 有所謂的 4% 法則：依照年度花費乘上 25 倍，就是你所需要準備的退休金（詳見圖 1）。

例如年度花費需要 50 萬元，乘上 25 倍是 1,250 萬元。

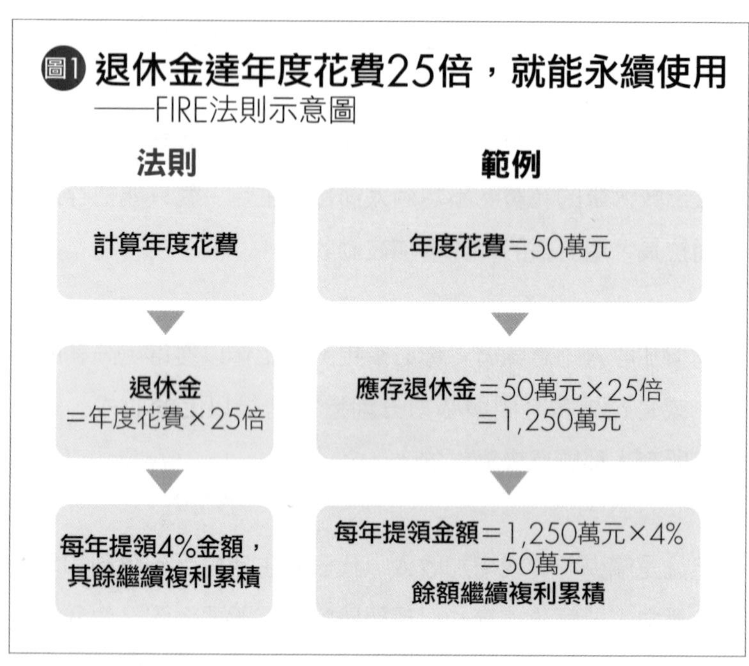

透過投資累積到這筆錢後，每年可以從這筆帳戶內提取 4%，剩餘金額仍持續投資，就可以源源不絕地使用這筆退休金。

數學問題很好解決，只要找到合適的金融商品，做好財務規畫，就能運用時間與複利的力量達成目標。

按資金準備時間長短制定投資策略

在每個人生階段，都有一定要面對的財務問題，以幾個常見的狀況為例：

1. **社會新鮮人**：年輕，薪資偏低，想要累積第一桶金。

2. **職場中段班**：工作趨於穩定，面臨成家、買房、育兒等資金需求。

3. **中年危機族**：忙於工作，工作收入與家庭開銷都逐漸達到人生高峰期；中年時若發現難以繼續升遷，且收入面臨停滯，往往會產生工作不保、收入斷炊，不知道該如何籌措退休金的恐懼。

4. **老年退休族**：身上有一點資產，但是沒有新增收入，對於持續提高的物價以及慢慢變少的存款數字感到焦慮。

這些問題都可以透過提早規畫財務，以及紀律執行財務計畫，累積出一筆財富並創造出被動收入，機運更好的人甚至能夠致富。

成功的執行財務計畫，需要考慮一個非常重要的元素——「時間」。時間和金錢是互相牽扯的兩個項目，如果你想一夜致富，那你需要的是買彩券，但是機率很低；如果你願意花時間等待財富的累積，那你需要的就是選擇一個適當的工具並且持續投入金錢，只要適當的規畫，就有很高的成功機率。

不同的計畫，需要不同的策略。針對所需資金的準備時間長短，適合的投資工具、需投入的初始資金等，也都會有所不同（詳見表 1）。

以下分別以 3 年、6 年、9 年、12 年準備時間為例，簡單說明財務目標的設定原則：

3 年》以投入低風險金融商品為主

◎需求種類：預計 3 年後會有的短期資金需求，可能是購車款、結婚基金、旅遊基金等；或是已有一大筆資金，想在 3 年後擁有被動現金流收入。

表1 資金準備時間愈長，所需初始資金愈少
——資金需求時間及財務計畫特性

條件	準備時間			
	3年	6年	9年	12年
殖利率	低	次低	次高	高
總獲利	低	次低	次高	高
複雜程度	低	次低	次高	高
初始資金	高	次高	次低	低
投資風險	高	次高	次低	低
檢討間隔	密集	次密集	較久	更久

◎適合工具：能創造穩定收益的金融商品。

想累積一筆短期的資金需求，通常會以低風險的金融商品為主。最保守的當然就是儲蓄，例如銀行高利活存或是定存；雖然利息低，但至少保得住本金。

若想用一大筆資金在 3 年期間創造被動現金流收入，則可選擇風險稍微高於銀行存款、但價格波動相對穩定的一籃子台股 ETF 組合，例如追蹤大盤、搭配高股息主題的 ETF 等。殖利率雖然偏低，但複雜程度也最低，價格變化也相對小，投入的本金多可維持穩定。

但也因為時間短，很有可能買在大盤高檔，若遇到系統性風險就會面臨資產價值的減少，這對於單純領被動收入的投資人影響較低，因為只要領得到預期的股利就算是達標。但是，對於想在 3 年後拿回整筆資金的投資人，就會面臨一定的風險，這就需要密集檢討整體計畫，隨著市場變化做調整。

6 年》可投資內需型事業股票

◎需求種類：中期資金需求可能是房屋頭期款、房屋裝修費用等，或是打算在 6 年後達成財富自由。

◎適合工具：追蹤大盤的股票 ETF、自選 ETF 組合，或搭配幾檔經營穩定的內需型事業股票。

若是打算 6 年後達成財富自由或創造出被動現金流收入，則代表目前已經有相對大額的資金，但又想透過投資讓這筆資金繼續長大一些，以換取相對好的生活品質。

按過去經驗，台灣大約每 3 年～ 5 年會經歷一次景氣循環，因此 6 年的時間，至少會經歷一次景氣循環。若以追蹤大盤的股票 ETF 為投資工具，且幸運買在相對低檔，很有機會享有約 5% 以上的年化報酬率。也可以自己選擇幾檔穩健經營、獲利與配息都相對穩定，或具有成長性的內需型事業股票（例如保全業、電信業、食品業等）組成存股組合，有機會讓整體資產達到一定程度的成長。

9 年》分散投資不同產業的存股標的

◎需求種類：預計 9 年後要累積一筆資金，可能是用於房屋頭期款、小孩的大學學費，或計畫在 9 年後達成財富自由。

◎適合工具：追蹤大盤的股票 ETF 或自組存股組合。

目前可能已有一小筆資金，但距離實際的需求還有一段距離，因此需要較長的時間累積資金。因為準備時間長，至少會經歷 2 次的景氣循環，不管是選擇追蹤大盤的股票 ETF 或自組存股組合都很適合。就算一時買在相對高點，靠著時間拉長分散投入時間，可以平均買入成本；期間所領取的股利也有保護作用，投資人承受的風險程度也不至於太高。

由於有比較長的時間可以學習及累積經驗，若選擇自行搭配存股組合，可嘗試分散不同產業，以平衡特定產業的波動風險。只是隨著股票的多樣化，投資的複雜度就變得比較高。

12 年》在相對低點布局具成長性股票

◎需求種類：現有資金相對不足，希望在 12 年後累積到一定的資金，例如房屋頭期款、換屋、小孩的大學或研究所學費，或希望 12 年後達到財富自由等。

◎適合工具：追蹤大盤的股票 ETF、美股或自組存股組合。

有特定目的，但目前資金比較不足，因為有較長的時間準備，可交給時間與複利來累積資金。最常見的像是 12 年後替小孩存到大學或研究所學費、買房或換屋等；或者希望準備 12 年後提前退休的財富自由基金等。

追蹤大盤的股票 ETF，按歷史經驗，通常有機會獲得 7% 左右的年化報酬率，初始投入金額可望在 12 年後翻超過 1 倍。

若要自組存股組合，因為有機會遇到不止一次的景氣循環低點，機會來臨時，得以用較低的價格、較高的殖利率買進股票；如果要保守一點，可將預估年報酬率設定在 5% ～ 6% 區間。

有眼光的投資者也可物色較具成長性的股票，讓累積資產的速度加快。對美股有興趣者也能考慮用 12 年的時間累積美股資產；美股擁有更多優異的企業，長期發展又比台股穩健，很適合用功的長期投資人布局。

若同時具備低風險、高獲利商品，多半是詐騙

每個人財務狀況不同，根據不同時間的資金需求，就會有各自適合的財務規畫方式。綜合以上所述，如果只想花 3 年就滿足資金需求，殖利率必定比較低，總獲利金額也比較少，投資項目比較簡單不複雜，也相對需要比較高的初始資金。

舉個例子，我有一個朋友的現金資產有上千萬元，可是不知道怎麼投資。他說他一個月只需要 3 萬元的花費，他也想要跟我一樣財務自由。

所以我認為他可以選用 3 年的計畫，花 3 年的時間買入被動型股票 ETF 組合，例如以元大台灣 50（0050）、元大高股息（0056）、富邦公司治理（00692）、元大臺灣 ESG 永續（00850）組成一籃子基金；可避開買個股的風險以及研究個股的心力，又可以創造固定的被動收入現金流。因為他

資本額高，定期定額買入，3 年後必可以產出每月 3 萬元的被動收入。

再舉另外一個例子。假設是 24 歲的小資族，不想承擔太高風險，又想存到第一桶金，就適用 12 年的方案。這個年齡通常是剛畢業或退伍，薪水收入有限，也沒有一大筆資金可投資；假設一個月薪水 3 萬元，拿出其中 6,000 元，投資於年報酬率約 5.5% 的 ETF 或零股建立的存股組合，那麼 12 年後，將可累積到大約 122 萬 6,000 元的一桶金（詳見表 2）。

若只有 6 年時間準備，想要累積 122 萬 6,000 元，就得每月投入 1 萬 4,400 元的金額才能達標。

所以我們可以知道，同樣的資金需求，愈早開始規畫，愈早投入本金，累積的時間愈長，所要投入的初始資金愈低，也愈容易達成。

若愈晚投資、累積時間短，就需要投入更多的初始資金或更高的報酬率才能如願；偏偏較高的報酬率，意味著需要承擔更高的風險。請牢記，市場上不會有「資金少、短時間、低風險、高獲利」等優點並存的產品，如果你發現有這種商品，一定是

 月投6000元，12年滾出100萬元以上
——複利累積資金試算表

報酬率	投資時間					
	3年	6年	9年	12年	15年	18年
5.0%	23.3	50.5	82.0	118.6	161.0	210.4
5.5%	23.5	51.3	84.0	122.6	168.0	221.6
6.0%	23.7	52.1	86.1	126.7	175.4	233.6
7.0%	24.1	53.8	90.4	135.6	191.3	259.9
8.0%	24.5	55.6	95.1	145.3	209.0	290.0

註：1. 單位為萬元；2. 本表以每月初投入 6,000 元計算，根據不同年報酬率，歷經不同年度約可累積到的本利和金額

詐騙集團的產物。

而若是因為害怕而完全不投資，只是單純的存錢，同樣的12年就只能累積到86萬元（6,000元×12個月×12年）。

我也曾經是領普通薪水的上班族，在沒有認真為自己做財務規畫之前，我也不敢想像有一天能累積到一筆 8 位數的資產，還能夠每年創造可支撐生活所需的被動收入。現在就開始著手規畫，你也會發現，一桶金甚至十桶金，並非遙不可及！

3-3 想致富不能好高騖遠 訂下具體可行目標

有人說「本多終勝」，只要本錢夠多，就算利率低、操作績效不好，也能得到很多被動收入。有人說，你能有很多被動收入，是因為你本業收入很高；所以收入少的人，存股沒有意義。

真的是這樣嗎？如果一對夫妻，兩個人年收入都是 100 萬元，他們規畫將來的被動收入是兩個人加起來，一年要有 100 萬元的被動收入；以目前市場的共識，存股可以期待的殖利率是 5%，那他們需要存 2,000 萬元。

簡單來說，他們只需要存下一半的收入，也就是一年存 100萬元，20年就有2,000萬元，目標就達成了。講白一點，高薪族群或許根本不用投資，光靠儲蓄就能財富自由了。

那麼每個月只有 3 萬元收入的人，要什麼時候才會有一年

100 萬元的被動收入？存股能帶來什麼希望？

我覺得問題出在，錯誤的認知和錯誤的目標設定。

錯誤的認知和目標設定，反而降低執行力

如果夫妻倆的月薪都是 3 萬元、年薪各 36 萬元，兩人再怎麼省吃儉用，都會有基本的生活支出。假設以每年共同投入 10 萬元來計算，約為每人每月 4,200 元，就需要找到年報酬率 16.7% 的投資工具，才有辦法在 22 年後累積到大約 2,000 萬元的資金，並創造每年 100 萬元的被動收入。

每年 16.7% 的報酬率並非易事，這樣的表現幾乎是台股過去長期年報酬率的 2 倍以上，代表你必須找到具有相當成長性的股票納入投資組合，同時得極為認真的追蹤個股基本面表現，且承擔相當的個股波動風險。

那麼，如果同樣每年投入 10 萬元，透過年報酬率 5% 的複利效果，直到退休時可獲得多少被動收入？

1. **累積 22 年：**可累積到大約 404 萬元，產生的年度被動

收入約 20 萬元。

2. 累積 30 年：可以累積到約 698 萬元，產生的年度被動收入近 35 萬元（詳見表 1）。

這兩者都是合理且相當可行的目標，每月只需要投入約 4,200 元，也不需要承擔太多的風險，安心把錢放在年報酬 5% 的存股組合，就可以藉由時間複利的力量，在退休時擁有一筆基本的被動收入。

我曾在本書 2-8 關於目標追蹤的文章提到，長期目標可以訂得大一點，再分成 5 年～ 10 年執行，這麼做的目的就是為了去分析這項財務計畫的可行性。

要是發現自己根本無力達成，代表這目標過於好高騖遠，就要調整到自己能力所及的範圍，依照自己的收入和生活方式，設定自己的目標；只有相信自己做得到，才有動力去執行這個計畫。

以上述的範例來看，每人月薪 3 萬元，要用 5% 複利達成 22 年後年領百萬收入目標，就得將大部分的月薪約 2 萬元拿

表1 依照2表計算退休時的被動收入金額

5%報酬率的複利累積金額表

年投入金額	N年後的資產金額（萬元）				
	12年	18年	22年	25年	30年
10萬元	167	295	404	501	698
25萬元	418	738	1,011	1,253	1,744
50萬元	836	1,477	2,022	2,506	3,488
75萬元	1,253	2,215	3,032	3,759	5,232
100萬元	1,671	2,954	4,043	5,011	6,976

被動收入表

年投入金額	N年後的年度被動收入金額（萬元）				
	12年	18年	22年	25年	30年
10萬元	8	15	20	25	35
25萬元	21	37	51	63	87
50萬元	42	74	101	125	174
75萬元	63	111	152	188	262
100萬元	84	148	202	251	349

註：1. 金額皆四捨五入至萬元；2. 以投資工具年報酬率 5% 計算

去投資，怎麼想都知道極難執行。

而在適當的調整之後，就知道夫妻每人每月撥出 4,200 元，還是能在 30 年後年領 35 萬元，目標可行，成功的機率將大幅提高。

況且，現在月薪 3 萬元，不代表未來都不會增加。不管是升遷、轉職或兼差，在收入提升之後，就可以將目標往上調，例如每月各自多投入 3,000 元，未來能創造的被動收入就會更高。

高薪的工作代表著高度的工作壓力，而身體長期處於高壓狀態通常都會出一些毛病，所以也不太需要過於羨慕高薪的人。正是因為薪水低，才更需要透過投資，踏實的累積資產，再搭配政府勞保年金和勞工退休金制度，退休後要有每月 3 萬至 5 萬元的被動收入絕對是有可能的。我們只需要訂下合理的目標，剩下就是靠時間去幫我們完成，關鍵在於是否願意及早規畫、實際付出行動。

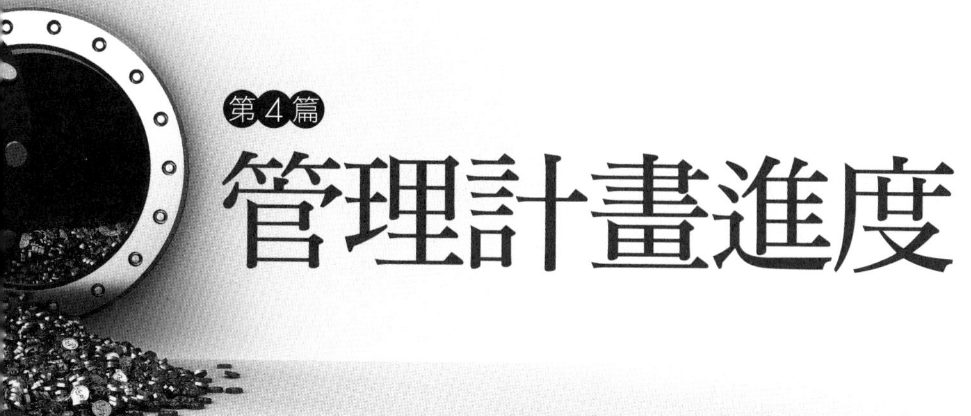

第4篇

管理計畫進度

4-1 用 3 張表建立財務管理系統 輕鬆掌握計畫進度

當我們訂下目標，擬定財務計畫後，除了開始投入資金實際執行，還要有一套管理系統，來定期追蹤計畫是否順利進行。

我的管理系統是以 Excel 為工具，接下來我會介紹 3 個我認為最重要的表格給大家下載，希望大家可以常常關心自己的投資狀況、投資組合的變化等等。但是大家還是要依照自己的習慣和個性去調整，製作出屬於自己的 Excel 表。

設定自己有興趣、想觀察、想記錄的項目，這對於自己的財務規畫和投資的道路一定會有幫助。理財這件事，只有靠自己去建立，才有辦法去了解並且持續追蹤和調整。

記得有一次與同事和他的孩子一起出遊，孩子在玩耍的時候向父親秀出了他的畫作，「把拔你看，我畫的好不好？」孩子興致勃勃地期待父親給他稱讚和鼓勵，但是父親打從心底就看不懂他在畫什麼。

在理財學習的過程也一樣，我們有時候會請教一些人，對方大方分享了看起來很棒、很有願景，卻又好像很複雜的 Excel 表或計畫表出來。我們接收了這個檔案，然後看不出個所以然，就像我們看了小孩畫的恐龍一樣。

當對方鉅細靡遺地介紹他製作的表格，掏心掏肺說得口沫橫飛，你可能還是不知道怎麼使用；我只能說，看不懂是正常的，因為這份表格不是你自己建立的。別人只是提供你一個想法、一個概念，你只要了解他為什麼要製作這張表、為他帶來了什麼幫助；最後還是需要你自己消化資料，依照你的邏輯，建立自己的理財計畫表，這個東西才是屬於自己的。

以我來說，我使用的表格有很多張，包括人生規畫藍圖、記帳、資產變化及股利紀錄表……等，我就算將所有正在使用的表格公開，也不見得能為所有人帶來實質的幫助，因此以下我挑出最基本也最重要的 3 張表供大家參考：

1. **總資產表**：可幫助你定期檢視資產變化。

2. 歷年股利表：記錄手中持股每年為你帶來多少股利收入。

3. 人生計算機：根據個人年齡及預估收入，推算可支撐未來幾年的花費。

這些表格可以統統記錄在一個 Excel 檔案當中的不同工作表，只需要切換分頁就可以快速編輯不同表格，相當方便。

總資產表》定期檢視淨資產變化

◎主要功能：定期檢視資產變化。

◎更新頻率：資產不多時可每年更新 1 次，資產增加後改為每季或每月 1 次。

總資產表是管理財務最基本的一張表，我會按照類別，定期記錄項目與金額（詳見圖 1、註 1）。我的分類方式如下：

1. 資產：

①現金：定期統計自己在各家銀行的存款金額。

②貴金屬：若有投資黃金存摺，可定期記錄市值。

③股票：定期記錄各家證券戶頭的股票市值。

④股票質押：運用股票質押借款買進的股票市值。

⑤房地產：記錄實際支付的頭期款、增值金額（房地產市價減去頭期款的金額，如果不想太麻煩，也可以把兩個項目合一，直接記錄房地產的市價總額）。

那麼要怎麼知道房地產的市價？我個人是習慣每半年或一年，到政府提供的實價登錄網站（https://lvr.land.moi.gov.tw），了解我所居住的社區，或附近類似條件的房地產實際成交價，即可知道大概的市價，了解有沒有增值。

2. 負債：尚未還清的貸款餘額，像是學貸、車貸、房貸、股票質押借款＋利息等。

3. 淨資產總計：將所有資產減去負債，即可了解目前一共有多少淨資產。

4. 檢討：每月記錄時，我也會將當月發生的大事或是檢討心得記錄下來。

註 1：讀者可以輸入網址「https://hyccyh.page.link/jovi1」，或是掃描 QR Code 來下載我的總資產表範例。

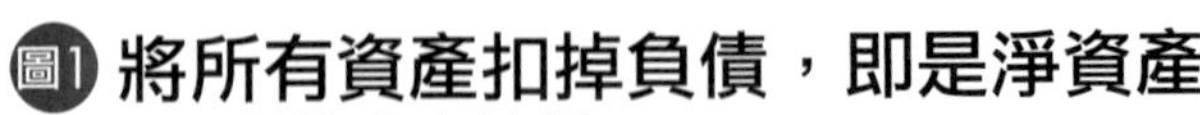

圖1 將所有資產扣掉負債，即是淨資產
——總資產表範例

	A	B	C	D	E	F	G	H	I	J	K	L	M	N	O	P
1		現金									貴金屬		股票			
2		使用者A				使用者B				現金總計	黃金	貴金屬總計	使用者A	使用者B		股票
3	日期	郵局	華南	世華	郵局	華南	世華	外幣					台銀股票	元大股票	美股總值	
4	2021-10									0		0				
5	2021-11									0		0				
6	2021-12									0		0				
7	2022-01									0		0				
8	2022-02									0		0				
9	2022-03									0		0				
10	2022-04									0		0				
11	2022-05									0		0				

如果你跟我一樣，是與伴侶共同理財，可以將你們的個人資產與負債，分別記錄在表格當中的獨立欄位，如此一來就可以共同檢視兩人的財務狀況變化。

歷年股利表》定期記錄股利增加速度

◎**主要功能**：記錄手中持股每年為你帶來多少股利收入。

◎**更新頻率**：每年 1 次。

我在本書一開始就有提到，成功的存股有 3 個關鍵：「本業收入」+「選股」+「時間」。只要持續工作就能產生本業

Q	R	S	T	U	V	W	X	Y	Z	AA	AB
股票質押			房地產			負債				淨資產總計	檢討
使用者A	使用者B	質押總計	房屋市值		房產總計	汽車貸款	質押利息	房貸	負債總計		
			頭款	增值							
		0			0				0	0	
		0			0				0	0	
		0			0				0	0	
		0			0				0	0	
		0			0				0	0	
		0			0				0	0	
		0			0				0	0	
		0			0				0	0	

收入，選股則要挑選擁有獲利能力的公司，但最重要的是靠「時間」，積攢存股年年帶來的獲利。

正因為存股需要長時間的參與，如果缺乏管理，容易掉以輕心，也不會知道方向是否正確、是否需要調整。我在剛存股的前 2 年都沒做記錄，都搞不清楚一年領了多少股利、每年的股利是不是有持續增加，朝我的目標前進？

所以後來我製作了歷年股利表（詳見圖 2、註 2），每年統計 1 次，可以了解自己的存股組合每年為你貢獻了多少股利？有沒有每年順利增加？來自不同產業的股利又分別占多少金額及比重？像我就是因為定期記錄，發現到 2015 年～ 2017 年股利的增長速度趨緩，進而找出原因，改採其他策略以加速股利的成長。

人生計算機》有助推算未來財務狀況

◎主要功能：根據個人年齡及預估收入，推算可支撐未來幾年的花費。

◎更新頻率：至少每年更新 1 次，或有新計畫、重大變化時更新。

「人生計算機」可依照自己的年齡與預估收支狀況，去模擬未來可能的財務變化狀況，例如 15 年後身上會有多少現金、哪一年可能會出現財務赤字等。我設計了兩張工作表讓大家比較，「人生計算機 1」是只計算目前現金以及未來收支；「人生計算機 2」則是加上被動收入的考量（詳見圖 3、註 3）。

註 2：讀者可以輸入網址「https://hyccyh.page.link/jovi2」，或是掃描 QR Code 來下載我的歷年股利表範例。

圖2 可以按照不同產業統計股利金額
——歷年股利表範例

	A	B	C	D	E	F	G	H
1			2020	2021	2022	2023	2024	2025
2	類股	個股	現金股利	現金股利	現金股利	現金股利	現金股利	現金股利
3	公共事業	大台北	2,373		2,000	9,000	2,525	525
4		欣天然			1,200		1,473	273
5		台汽電						
6		小計	2,373	0	3,200	9,000	3,998	798
7								
8	電子	仁寶	2,805					
9		廣達						
		英業達						
		台達電		13,233	13,977		15,011	1,034
		敦陽科						
		崇越電						
		文曄						
15		華立						
16		大聯大						
17		聯強						
18		豐藝						
19		小計	2,805	13,233	13,977	0	15,011	1,034
20								
21	傳產							
22								
23								
24								
25								
26								
27								
29								
68		總計	125,112	151,693	120,038	144,991	161,426	56,764
69		可扣抵稅額	10,635	12,894	10,203	12,324	13,721	4,825
70		還原可扣抵稅額	135,747	164,587	130,241	157,315	175,147	61,589
71								
72		股利總計						
73		年份	2020	2021	2022	2023	2024	2025
		公共事業	2,373	0	3,200	9,000	3,998	798
		電子	2,805	13,233	13,977	0	15,011	1,034
		傳產	30,968	53,723	38,697	28,693	45,587	5,215
		食品	10,737	4,108	14,555	3,682	21,250	3,131
		通信網路	19,682	58,324	27,304	81,311	32,118	4,814
		保全	1,500	1,500	1,500	1,500	1,500	1,500
		金融	52,330	20,805	20,805	20,805	38,600	39,700
81		控股公司	4,717	0	0	0	3,362	572
82		股利總計	135,747	164,587	130,241	157,315	175,147	61,589
83								
84		類股占比						
		年份	2020	2021	2022	2023	2024	2025
		公共事業	1.75%	0.00%	2.46%	5.72%	2.28%	1.30%
		電子	2.07%	8.04%	10.73%	0.00%	8.57%	1.68%
		傳產	22.81%	32.64%	29.71%	18.24%	26.03%	8.47%
		食品	7.91%	2.50%	11.18%	2.34%	12.13%	5.08%
		通信網路	14.50%	35.44%	20.96%	51.69%	18.34%	7.82%
		保全	1.11%	0.91%	1.15%	0.95%	0.86%	2.44%
92		金融	38.55%	12.64%	15.97%	13.23%	22.04%	64.46%
93		控股公司	3.47%	0.00%	0.00%	0.00%	1.92%	0.93%
94		總計	100.00%	100.00%	100.00%	100.00%	100.00%	100.00%

存股標的可按股票產業分類

◎**可扣抵稅額**：若選擇股利所得合併報稅，可扣抵的8.5%稅額（上限是8萬元）

◎**還原可扣抵稅額**：股利＋可扣抵稅額的合計金額，才能真正看出股利收入的貢獻

「股利總計」統計股利來自各產業的金額

「類股占比」為股利來自各產業的占比

舉個例子，假設一個 33 歲的上班族，目前已擁有 100 萬元資金；每月薪資 3 萬元，薪水每年增加 6% 幅度；每月開銷則是 2 萬 5,000 元，並假設每年花費增加 2%。

假設他打算 40 歲開始就不繼續工作，接下來都要花老本，又不確定這麼做錢夠不夠用；只要利用「人生計算機 1」，就可以知道——50 歲時就會將所有錢花光殆盡了。

如果能有被動收入的話，就可以模擬出一個完全不同的人生藍圖——假設早早開始存股，33 歲這年除了 100 萬元現金，另外還多存了 200 萬元的股票資產，之後不再投入新資金買股，但每年將股利再投入，預估股票資產以每年 5% 複利成長，直到 46 歲離開職場時，再開始每年提領 5% 的被動收入。

將這些數字輸入到「人生計算機 2」，可以看到，雖然從 46 歲開始少了工作收入，但此時股票約能累積到大約 377 萬元，約可提供每月 1 萬 5,700 元的生活費；再加上先前剩

註 3：讀者可以輸入網址「https://hyccyh.page.link/jovi3」，或是掃描 QR Code 來下載我的人生計算機範例。

圖3 投資＋延後退休，可延長現金流用罄時間

人生計算機1》無被動收入

	A	B	C	D	E	F	G	H
1	每月薪資收入	30,000						
2	薪資每年成長幅度	6%						
3	初始資金	1,000,000						
4	每月花費	25,000						
5	預估每年花費增幅	2%						
6	出生年(西元年)	1988						
7	表格記錄起始年	2021						
8				收入			支出	結餘
9	「年齡」	年齡	月	薪資收入	現金水位	無薪資收入後金流結餘	每月花費	
90	Feb-25	39	81	**44,710**	3,986,742	0	29,134	3,957,608
91	Mar-25	39	82	**44,934**	4,031,675	0	29,182	4,002,493
92	Apr-25	39	83	**45,158**	4,076,834	0	29,231	4,047,603
		39	84	**45,384**	4,122,218	0	29,280	4,092,938
		40	85	0	0	4,092,938	29,329	4,063,609
		40	86		0	4,063,609	29,377	4,034,232
		50	206		0	164,645	35,876	128,769
		50	207		0	128,769	35,936	92,834
		50	208		0	92,834	35,995	56,838
218	Oct-35	50	209		0	56,838	36,055	20,783
219	Nov-35	50	210		0	20,783	36,115	(15,333)
220	Dec-35	50	211		0	(15,333)	36,176	(51,508)

人生計算機2》有被動收入

	A	B	C	D	E	F	G	H
1	薪資收入	30,000			目前股票市值	2,000,000		
2	薪資每年增加	6.0%			繼續存股年數	13		
3	初始資金	1,000,000			每年新投資金額	0		
4	每月花費	25,000			退休時股票市值	3,771,298		
5	每年花費增幅	2.0%			殖利率	5.0%		
6	出生年(西元年)	1988			每年現金股利	188,565	→系統自動計算，可不填寫	
7	表格記錄起始年	2021			每月現金股利	15,714	→系統自動計算，可不填寫	
8								
9				收入			支出	結餘
10		年齡	月	薪資收入	現金水位	股利收入	無薪資收入後金流結餘	每月花費	
163	Feb-31	45	153	**64,027**	7,869,412	0			
164	Mar-31	45	154	**64,347**	7,933,759	0			
	Apr-31	45	155	**64,669**	7,998,428	0			
	May-31	45	156	**64,992**	8,063,420	0			
	Jun-31	46	157		0	15,714			
	Jul-31	46	158		0	15,714			
	Aug-56	71	459	0	0	15,714	65,555	53,601	27,668
		71	460	0	0	15,714	27,668	53,691	(10,309)
	Oct-56	71	461	0	0	15,714	(10,309)	53,780	(48,375)
	Nov-56	71	462	0	0	15,714	(48,375)	53,870	(86,532)
	Dec-56	71	463	0	0	15,714	(86,532)	53,960	(124,777)
	Jan-57	71	464	0	0	15,714	(124,777)	54,049	(163,113)

餘的現金，將可撐到 71 歲才會出現財務赤字。

因為這並沒有考量到可能的重大支出，如果將來還要買房、買車、養育下一代……等，就很明顯不敷使用。因此你必須將未來預估的大筆支出也填進表格，並考慮延後退休，或是增加收入等，才有辦法模擬出一張令你滿意且安心的計畫表。以下簡單提供 2 個思考方向：

1. **收入方面**：在還有工作的期間，要持續投入新資金買股票，再加上股利再投入，就可以把股票資產愈養愈大，退休後能領到的被動收入也會提升。另外，也可以延後想退休的年齡，拉長能夠領取薪資收入的時間。

2. **支出方面**：未來生活可能的大筆支出如購屋、育兒、孝養父母等，或自己年老後可能需要聘請看護、去住高檔安養院，都可以將每月預估的支出加入表格當中一併考量。

善用這張「人生計算機 2」工作表，可以依照自己預估的收支狀況，簡單的模擬未來的人生藍圖；一方面也讓心裡有個底，知道自己在幾歲之前都要有工作收入，並且盡可能投入閒錢存股等。

填好了這張人生計算機，提供的是此刻開始的未來財務規畫方向。別忘了，至少每年都要回頭檢視一下這張表格，或人生有新計畫、重大變化時也要做更新，因為有可能未來的加薪幅度不如預期、一年後換了新工作影響薪水多寡、出現了先前沒想到的開銷、買到好股票結果股利大幅成長、買錯股票導致股利縮水……等，這些變數都有可能帶來很大的影響。適時更新、動態的模擬，會讓這張表發揮最好的效用。

4-2 定期更新與優化系統 縮短財富自由達標時間

目前在這本書上，我只提供了總資產表、歷年股利表以及人生計算機這 3 個檔案，大家可依照自己的生活週期，去更新與檢視這些檔案，確認目前最新的財務狀態是什麼，也可以根據自己的需求新增其他表格；像是如果有房貸或貸款的人，也可以新增一張管理貸款的工作表。

我一開始用 Excel 建立財務管理系統的時候，只有一張總資產表，當時只是單純想知道自己總共每年有多少資產與負債。後來隨著持續更新，產生了更多的問題和想法，就增加了更多的工具來記錄和檢討自己的財務狀況。

熟悉財務狀況，自然能不斷改進投資策略

建立這些 Excel 表的神奇之處在於，一旦你先建立基本的架

構，只要定期更新，你的腦袋就會將這個檔案存放於腦中的某個位置。當有空更新這個檔案的時候，也會三不五時產生新的靈感，讓你有新的工具或方法去加速完成自己的目標，這是我個人 10 年使用下來的心得。

舉例來說，當我在 2020 年記錄 2019 年所領到的股利時，發現股利被動收入已超過 100 萬元，達成我所設定的財富自由目標了。可是對於我的未來人生，我沒有一個完整的計畫。

從歷年股利表，我只知道我被動收入達到了 100 萬元，扣掉日常生活花費之後，剩下 50 萬元。然後呢？如果我離職了，10 年後、20 年後，我的財務狀況會如何？如果我不離職，繼續多工作個幾年，對於未來又會有什麼影響？

基於這些問題，我產出了「人生計算機」這個 Excel 表單；把我的疑問和對未來財務的需求，都輸入這個人生計算機內，就可以預見自己的未來資產狀況是如何。這對於我後來決定離開職場有很大的幫助，因為我看到了，也清楚自己未來的人生，在什麼樣的財務條件之下可能是什麼樣貌。

記錄總資產表也啟發我開始投資美股。我提過，我以前持有各式各樣的資產，但隨著投資方式愈來愈聚焦在存股，我持有的外幣也漸漸轉換為新台幣，黃金也進行獲利了結。

由於總資產表當中我的股票都是台股，當時正好閱讀到一些美股投資的資料，其中知名的研究機構晨星（Morningstar）曾在 2016 年發布報告，指出美股長期的平均年報酬率大約 10%。所以我決定開始投入一些資金到美股，靠時間幫我累積 10% 的複利。當我老的時候，除了台股帶來的被動收入之外，如果急需一筆錢，不就可以出售美股資產來用嗎？同時也能促使我更認真學習美股投資的知識。

自從 2018 年下半年開始投資美股之後，我發現到美股「永遠長期向上」的趨勢又比台股更明顯，且美國有很多歷史悠久、版圖跨越全世界的大型跨國公司，也真的有數十年來「股價持續往上」的股票；這些發現讓我對美股投資愈來愈有信心，而我持有的台積電（2330），也是難得能與美國頂尖公司媲美的好公司，讓我在持有台積電的過程充滿信心。

再分享一個例子，2019 年有一天，我看著歷年股利表和總資產表，發現總資產表中的股票資產都放在證券戶頭那邊「發呆」，同時歷年股利表也顯示了每年我都能順利拿到股利收入，讓我開啟了「資產活化」這個念頭。

資產活化簡單講就是「借錢投資」，但我不是融資，而是做「股票質押」（詳見 5-4），簡單說就是將我閒置的股票抵押給銀行，讓銀行借給我一筆錢。我可以把借來的錢，拿去買有配股利的股票，養大我的投資組合；每年收到的股利拿來付銀行利息還有剩，如此又可以讓我的被動收入持續增加。

如果我買的是殖利率比較低的成長股，但計算過後其實股利收入足以支付銀行利息，那我也可以不必煩惱利息，只需要等成長股的股價上漲，我的總資產帳面數字也會繼續增加。

我很清楚我的閒置資產有多少、主動收入和被動收入的狀態、借款金額會產生多少利息和風險，以及這些數字彼此之間的關聯；所以，對我來說股票質押這樣的借錢投資方式，風險在我可以承受與控管的範圍。能夠有如此充沛的信心，都是我多年來維護這些檔案、極為熟悉自己財務狀況所得到的結果。

當紀錄表變得不合時宜，可適時淘汰

當然，也很有可能因為環境的變化，讓某些紀錄表變得不合時宜，不得不加以淘汰。比如我一開始在 2011 年開始記錄存股的時候，有特別去記錄每檔股票的「還原殖利率」。

過去，因為傳統產業政府可能會徵收 20% 以上的營業稅，而電子產業可能因為促進產業發展條例的關係，政府給予很低的稅收（低於 5%）；因此不同產業與公司的稅率都不一樣，而股東領到的股利已經是公司繳完稅的金額了，所以股東自己申報個人綜合所得稅時，政府會把各公司之前繳的稅，按照個別公司的可扣抵稅額比率退稅給股東。

由於可扣抵稅額率愈高，股東就能扣抵愈多稅金，對股東來說也是一種收入；所以在當年講求殖利率的存股年代，我的紀錄表會按照各公司的可扣抵稅率，去換算所謂的「還原殖利率」（註 1），當年這對我來說是非常重要的事情。畢竟這些已經被政府預先扣抵的稅額，在我們申報所得稅的時候，還是會回到我們身上成為一筆收入。

但隨著政府財政拮据，政府開始把腦筋動到股利上。2014 年三讀通過可扣抵稅額減半並於隔年實施，後來乾脆用新制取代（扣抵 8.5% 但上限 8 萬元，或採 28% 分離課稅）；另外，單筆超過 2 萬元的股利須多收 2.11% 的健保補充費（此費率為 2021 年起實施），都讓存股族大嘆一頭牛被剝了多層皮。

除此之外，2019 年開始，金管會要求所有上市櫃公司，都必須揭露非主管員工前一年的「平均薪資」及「薪資總額」（年薪）。我個人認為，此舉就是讓社會製造一個氛圍：公司有錢發股利，沒錢幫員工加薪。基於以上種種原因，還原殖利率這個項目再無意義，我就將它從我的檔案移除了；但我還是會按照新制，在歷年股利表當中記錄 8.5% 的可扣抵稅額有多少，並將可扣抵稅額視為股利的一部分。

時常思考、處處留意，加強腦中理財連結

説到維護這些 Excel 檔案長達 10 年的心得，必須先從我們的腦袋説起。大部分的人其實不知道我們的腦袋是如何運作和學習的，其實這是由腦中的神經元（腦神經）集體活動所產生的結果。大腦會因應外界的需要，改變這些神經元的連接方式，就像我們在替電腦寫程式，安裝軟體一樣。

在這個過程當中，神經元和神經元連接的地方，會產生「髓

註 1：棒喬飛以前採取的還原殖利率公式：（股利 ÷（1 －可扣抵税率））÷ 股價。

鞘」這個組織來包覆這兩個神經元的連結。有髓鞘包覆的神經元，電流通過的速度比沒有髓鞘包覆的神經元還要快；所以就形成了腦中不同的迴路，以及不同的電流傳輸速度。

而我們的大腦有一種將類似事情歸類在一起的本能，比如這本書中理財的各種知識和表格，透過你實際建立 Excel 檔之後，也會相對應建立在你的腦中。

如果我們常常反覆讀取、思考，腦中相關區域的神經元連接處會產生髓鞘，讓這個區域的反應能力變快，甚至在讀取的過程產生所謂的「靈感」。所以我們藉由定期維護 Excel 檔，去維持我們腦袋理財區域的活動，甚至產生新的靈感來解決財務問題，這完全是合理而且有根據的一種方法。

而在日常生活觀察到的大小事，也能常常與理財做連結。比如我去日本玩，常常看到它們在很多地方裝置 AED（註 2）。台灣後來也立法，強制一些公共場所一定要裝置 AED。這個新聞一出來我就去買中保科（9917）的股票。當你腦中常常有理財的思維，乍看不相干的事物也能和理財連結起來。

另一個例子是我以前工作的時候，有時會被公司指派去上一些教育訓練課程。大部分的人會覺得很無聊，可是我在上這些課的時候，心中都會想著，有哪些工具和技巧，可以應用在我的工作或理財系統上？

例如，職場人士應該都很熟悉「80/20 法則」，這是由義大利經濟學者帕雷托（Vilfredo Pareto）所提出，指的是很多事情是由其中的 20% 變數所掌控。例如一個國家有 80% 的土地是由 20% 的人所擁有，世界上有 80% 的財富是由 20% 人口所掌握。這個概念就可以運用到工作或理財方式上，例如我可以用 20% 的時間去處理 80% 的問題，剩下的 20% 的問題如果不緊急那就不處理。

還有，工作上會用的心智圖、魚骨圖、流程圖等，我也都會應用在理財規畫上，這些都是可以幫助我們思考的好工具。

持續記錄、不斷思考，都可以幫助我們掌握好的投資契機，幫助我們優化整體的財務管理系統，讓我們達成財富自由目標的時間縮短，這就是在達標之前要持續做的事情。

註 2：AED 是自動體外心臟去顫器，可自動判定心律不整患者是否需要電擊，並提供電擊服務的可攜式醫療設備。

時間是我們最好的朋友，但也是我們最大的敵人。以上說的過程，需要長時間的累積。一般領薪水的上班族，開始存股之後，少說也要 5 ～ 10 年才能稍微看到一些資產累積的效果，所以半途而廢是很常發生的狀況。

在資產少的時候，或許不需要常常更新紀錄，可以把頻率拉長到一年會比較有感；例如在每年要許下新年新願望的時候，把這個檔案更新，了解一下自己過去一年的資產狀況，再對新的一年許下新的願望。當資產多了，變複雜了，再改為每季或每月更新，這樣應該能降低半途而廢的機率。

發現計畫不如預期 設法找出解決之道

當我們用 Excel 表建立起管理系統並且定期維護之後，就會對自己這些相關數據感到好奇並加以分析。比如每年殖利率多少？年化報酬率多少？資產累積的速度有多少？個人花費的狀態是不是愈來愈多？主動收入、個人的薪水有每年增加嗎？

我們建立這些 Excel 表，就是幫助我們了解自己這個投資「事業」經營的如何。事業出現危機，就要想辦法解決。

案例 1》發現存股組合殖利率降低

10 年來記錄的過程中，我發現殖利率及可扣抵稅額愈來愈低，股利成長不如預期，所以才開始尋找原因並加以調整。

我在本書一開始也有簡單提到這段故事。當初我在 2011

年接受《Smart 智富》月刊專訪的時候，存股組合的殖利率可到 6%，還原殖利率甚至高達 8%，所以我估算，在主動收入和被動收入持續投入下，應該 2015 年就能有百萬股利。但是到了 2015 年，股利沒有如預期成長就算了，竟然還比前一年更低，整體存股組合的殖利率也只剩下 5%。

檢討原因，是因為我剛開始存股時，剛剛經歷 2008 年金融海嘯，很多金融股和電子股都發不出股利，所以我選股就以民生和傳產類股為主；我買的這些股票，後來股價都上漲不少，但股利卻不見得以同樣幅度上升，使得我後期買進的殖利率都偏低。於是我陸續做了 2 項策略的調整：

1. 部分資金轉進高殖利率股，並分散買進

我大概在 2019 年的時候，提撥 30% 的股票資產去買金融股和電子股。我的策略就是買產業不買個股。比如金融股就買官股銀行、大型金控、經營績效好的民營銀行等（持股明細詳見 2-1 表 1）。電子股我就買了電子代工業及電子代理商通路。

會有這樣的選股邏輯，是因為我選股的出發點，是要建立一個可以長久自動運作的事業，而不是去猜測股價，想著多少錢買、多少錢賣，這次賺了幾千幾萬元，下次又賠了幾千幾萬元，

這樣很難累積到大錢。建立被動收入系統和買低賣高，這兩種不同的思考模式，就會造就不同的選股策略。

一般來説，電子股和金融股的殖利率比較高，可是個股會發生個別風險的機會也高，而我的工作實在太忙碌，沒辦法盯著財報每季研究。要解決這個問題，我就採取分散購買的方式，這樣不但平均了個股風險，也得到了比民生與傳產類股平均較高的殖利率。

2. 開始買進具競爭優勢的成長股

我在 1-1 曾提到大台北（9908），2010 年時殖利率 5%，到了 2021 年殖利率變成只有 3.3%。是公司不賺錢嗎？不是的，公司股利穩定，還從 1 元提升到 1.1 元，經營的是標準的獨占特許民生事業；沒有競爭對手的公司，不可能虧損或倒閉，也不會有競爭者來搶生意。大台北殖利率變低的原因單純就是股價變高，而股價變高的原因，我想唯一的解釋就是市場資金氾濫，就會追逐這些經營穩定的公司，使股價愈來愈高。

以前我存股追求的是殖利率，但是這幾年，我覺得在這種資金狂潮之下，不能只追求股利的高低，股價的成長也代表我總資產的成長；況且，我年領股利金額已經達到目標，不愁沒有被動收入可以生活，接下來我就可以把目標轉為資產的長期成長、把具有競爭優勢的成長股加入我的資產當中，我在 2019 年開始投資台積電（2330）就是基於這個原因；本書第 5 章我也會仔細解釋我買台積電的理由。

案例 2》原有住處無法續租

在我開始工作後，原本有先和女友一起在基隆買了一間公寓，2013 年時因為想更換居住地點，便把房子賣掉。這段沒有房子的期間，我們很認真存股，就是為了要創造被動收入。如果買新房子，把錢都拿去繳房貸，放在房子內發呆，那要靠什麼建立被動收入？所以我們的共識是：先建立被動收入，當收入穩定後，再累積一筆頭期款，之後每月的房貸就交給被動收入去付。

事實上，再次買房這件事，原本是沒有設定時間表的。直到 2018 年，我 43 歲的時候，原本的住處沒辦法再繼續住，於是我們面臨了找新的租屋或買房這 2 個選擇。雖然當時股利成長不如預期中順利，但是仔細思考後發現，我們已經成功建立起被動收入的系統，手頭也有足夠的現金付頭期款，於是決定再次買房自住。

決定之後就開始看房子了。要買新房子、中古屋還是法拍屋？以我這種喜歡沒事找事做的個性，當然就是選擇法拍屋。

除了投資客之外，其實大部分的人都不喜歡法拍屋，因為法拍屋不能先看到房屋內部狀況；但我個人反而覺得，法拍屋一般來説比市場上的中古屋便宜 1 至 2 成，我把省下的這筆錢拿來裝潢就好了。別人市價買到沒整理的中古屋，我等於是花一樣的錢擁有一間裝潢好的法拍屋，所以何必管原始屋況？

而法拍屋又分為「可點交」與「不點交」，這在法拍屋的公告上都寫得很清楚。由於法拍屋通常是屋主有債務而導致房屋被拍賣，因此房屋有可能仍由屋主、租客居住，或是債權人等第三人占用。對於「可點交」的法拍屋，可由法院依照公權力去請走屋裡的人，得標者就不必煩惱，可在得標後順利取得不動產。「不點交」就是得標者須自行處理房屋被占用這件事，相對麻煩許多。

所以我就鎖定「可點交」、「無人居住」的法拍屋開始尋找，運氣不錯，不到 3 個月就在新北市汐止區標到了一間法拍屋，整修後也順利入住。接下來隨著 2018 ～ 2021 年這波房市多頭浪潮，讓我還可以靠著房地產增值再增貸一些錢，加碼買進台積電。現在看起來，靠台積電就可以償還我的房貸，省去一項負債，也讓我的退休人生減少一大顧慮。

買房、育兒等重大規畫，需有充足財務支持

不管是人生規畫或投資計畫，都很難每一步都完全按計畫進行；一旦出現變化，都必須先分析問題，然後找到解決方法並調整計畫。

我一直都在運用自序裡提到的「PQRDCM」這個思考模式，針對我訂出的計畫，我會預先想到問題和解決方法。若真的發生問題就去找出原因，擬定策略，再持續追蹤並檢討。這個思考模式讓我幾乎能夠解決人生中遇到的所有問題。

例如在資本市場操作資金，我訂出的計畫就是，一定要有第一桶金（我訂為 300 萬元），之後才有辦法做更多的財務規畫，或是利用金融工具加大槓桿。還有，如果人生有了新的規畫，比如原本租屋後來想要買房，或是有結婚生小孩的計畫，這些都是人生重大的決定，也必須有充足的財務條件，像是穩定的工作收入、被動收入的輔助、良好規畫每月花費等條件的支持，才有辦法實現這個計畫，並穩固維持下去。

以買屋這件事情來説，年輕時先租屋不見得是一件壞事。因為年輕時還沒找到職涯方向，可能常常換工作，租屋就可以配合公司的位置更換住房地點，相對彈性很多。

而以財務方面來説，租屋只要給房東租金和水電費，電器壞了就請房東修理，合約頂多簽1年；而買房要給銀行房貸利息，合約一簽就是幾十年；另外還要付各種政府稅費、社區管理費、地震火險保險費……等各種支出。對於工作還不很穩定，且薪資水平不高的年輕人來説，買房子會形成很大的財務壓力。

當然擁有自住的房子還是有其好處，就如同我分享過的，無限的貨幣會追逐有限的資產，以台灣這種環境，不動產長期而言都會增值；尤其是買對地點，增值的幅度更高。

所以我認為，年輕人不用急著買房，不需要急著把大部分薪水拿去繳房貸，否則房貸一部分付給銀行利息，一部分還本金存在房子裡發呆，資金效用就很低。不妨年輕時先一邊租屋（或跟原生家庭同住），一邊努力工作，同時投入資金開始打造被動收入系統；讓時間複利幫你累積資產、等到被動收入有一定規模之後再來買房也不遲。

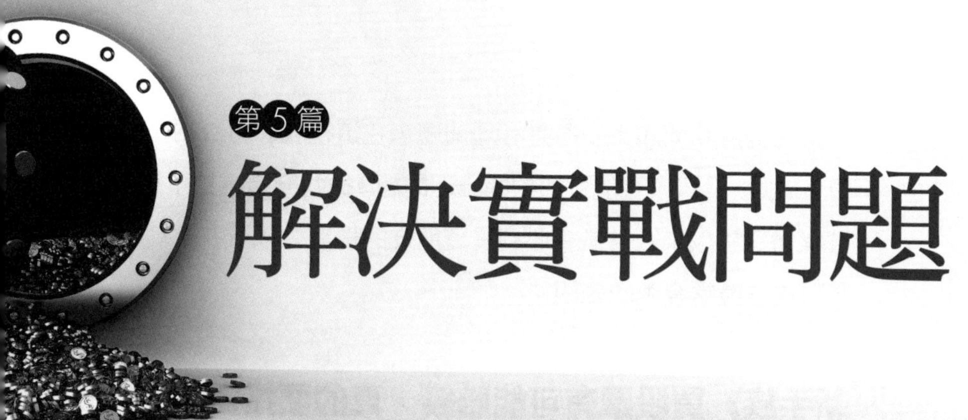

第5篇

解決實戰問題

5-1 心理面向》換個角度思考 解決 3 大族群常見疑問

人生的財務問題大多數是心理問題，在這裡我想再針對「投資」，談談投資人可能會遇到的心理問題。從我開始寫部落格、被媒體採訪以來，常常會收到投資朋友的提問，以下我整理了 3 種族群最常發生的疑問：

新手族》買股票有可能賠錢，真的要投資嗎？

「買股票有可能賠錢，真的要投資嗎？」這是許多新手始終不敢投資的心理恐懼。

來講個輕鬆的故事吧！以前我每天上班通勤時，從捷運站到公司的路途中，會經過一大片停車場。夏天的時候太陽很大，沒有大樓遮蔽，走這一段路會很辛苦。女生的話一般就會拿起雨傘遮陽，男生的話就幾乎不會有人撐傘。

因為擔心遇到午後雷陣雨，我的傘也是隨身攜帶，可是我不好意思撐傘，因為沒有男生在撐傘。後來有一天我覺得，有傘幹嘛不撐？熱得要命！於是開始撐雨傘走過這片停車場。

走過去之後，好像也沒啥事情發生？那以前到底在堅持啥？

不知道是不是自己產生了「視網膜效應」（指人會特別注意他人跟自己相同的特徵），之後走在路上，也發現偶爾能看到男生撐傘遮陽。

其實投資也是這樣。我們會被既往的框架或是過去生活經驗的認知限制住想像。儘管你認識了一個好的方法，但是因為自己沒有過去成功的經驗，自然會產生對於未知的恐懼，使身體感覺不安；腦袋會告訴我們，這樣很危險，進而阻擋了我們的行動。

就像是台股自從 1990 年創下 1 萬 2,682 點之後，長達 20 多年只要遇到萬點大關就會下跌，所以長期以來萬點都被視為天花板，也難怪有人會說「8,000 點以上存股很危險。」如今，台股已是 8,000 點的 2 倍以上（2021 年 5 月 28 日台股收盤價是 1 萬 6,870 點），應該也有不少人後悔為什麼不在台股 8,000 點時存股？

沒買過股票，或是一開始胡亂投資而在股市跌跤的人，都會覺得買股票很危險，那是因為沒有找到適合的方法。真的不敢買個股，那就先買追蹤大盤的 ETF，只要建立正確的心態，投資並不如想像中危險。當你還在猶豫害怕的時候，別人早已經不知跑到哪裡去了。

學習正確的方法，多聽聽成功投資者的經驗，評估風險之後，就應該勇敢去做。做了之後你就會發現，其實也沒有那麼危險。

再分享一個實際的例子。2006 年，我一位好友的父親因為退休，無法負擔台北市民生社區國宅的房貸，所以舉家搬遷到新北市林口區。而房價從 2006 年漲到 2011 年，直到政府推動奢侈稅才開始有點減緩，可以說 2006 年賣房子是賣在房市相對低點的時候。

他的父親 2006 年賣掉房子後，看著民生社區國宅很快從 800 萬元變成 1,200 萬元，再變成 1,500 萬元，認為房價還會繼續漲。因為他父親是銀行業從業人員，對於法拍屋有一些基本的知識，認為買法拍屋然後交給仲介去市場賣，這樣的做法應該有搞頭。

於是，他父親告訴孩子們這個計畫，孩子們都是 30 歲～35 歲的成年人，聽到這個做法都覺得很危險。要是買到被破壞，或裡面的住戶不搬走等等有問題的法拍屋怎麼辦？所以孩子們都極力反對。

可是他父親認為法拍市場和時價市場之間，房價差距很大，而且房價一直上漲，這筆生意一定可以做，所以就執意去做了。他父親負責財務規畫、資金籌措，以及與相關廠商的聯繫；他母親就去做鄉野調查，看到有不錯的法拍物件，就去社區警衛室或設法認識鄰居探訪聊天，了解房子被法拍的原因。夫妻兩人分工合作，配合得很不錯，就這樣做了 3、4 年的法拍屋生意，經手過大約 30 至 40 間的法拍屋。

那時候房價堆疊得真的很誇張，舉個例子：

假設法拍屋標房子的保證金是 A，整理維修房屋價格是 B，法拍屋代標費用是 C，房仲費用是 D，法拍屋銀行代墊尾款的費用是 E。一間房子從法拍屋標進來之後，房子持有的成本就是「A＋B＋C＋D＋E」。他父親整理這些數據之後，會再加上一個符合市價又有賺頭的利潤F，這下「A＋B＋C＋D＋E＋F」就變成投資客想要實拿的房屋賣出金額。

可是請房仲賣房子會有4%的服務金，所以房屋賣價變成「（A＋B＋C＋D＋E＋F）×1.04」；這樣還沒完，因為每個人對於房屋的價值或想法不同，所以會再加上20%的議價空間，最後這個房屋放上房仲網站的開價就變成「（A＋B＋C＋D＋E＋F）×1.04×1.2」。這就是各大仲介網站的房屋開價情形。

市場對於房屋物件是很敏鋭的，若有很好的物件，可能還沒放上網就已經有一堆人來看屋，這時買方可以談的降價空間就很小。但如果是不受歡迎的物件，例如上網開賣1個月都乏人問津，只要有人願意出成本價，投資客就會願意賣。因為對於投資客來説，房子沒賣出去，表示資金卡在房子上，無法再尋找下個法拍物件來投資，造成資金閒置的浪費。

這樣的運作方式，讓他父母忙了3、4年，直到2011年政府宣布奢侈税以及他父親因病去世才停止。因為他父親去世，我朋友結算了債務和資產，最後竟賺了700萬元，把當初太早賣掉民生社區國宅的價差給賺回來了。

上面的例子說明了一件事情，有時候你的人生歷練、經歷、知識，會讓你覺得自己好像看到了一個機會，但是做這件事情的人很少，周遭人士也都反對，自己也沒什麼經驗；你就會覺得執行上好像會有問題、這個機會可能沒有你想像中的那麼好。然而真正去做就會發現，沒有想像中那麼困難，還會怪自己怎麼不早點去做？

所以，當你也有「好像有機會成功，但是沒經驗所以不敢做」的煩惱，不妨就想想我的故事：一個大男生，在偌大的停車場，大太陽照射著，你是打算繼續忍耐毒辣的熱浪快速走過就算了？還是要鼓起勇氣撐起傘悠哉前行？

摸索族》我適合存股嗎？

「我適合存股嗎？」當有人提出這個問題的時候，通常他們以往投資股票的習慣就是買低賣高，或是對於自己的投資狀況並不清楚、正在摸索自己適合的投資方法。我都會要他們去開兩個證券戶頭，一個做價差，一個存股，過個 2 年或 3 年之後再來比較效益。人要經過實踐，才能驗證這個方法是否可行，才可以確認自己適合哪一種投資方式。

更快的判斷方式就是，之前如果已從事買低賣高都沒賺錢，那就可以斷定你沒有買低賣高賺價差的天分了；沒有天分，再怎麼努力都很難培養這項能力。說到這裡你或許感到不服氣，光2年至3年的時間，如何判定一個人在某個地方沒有天分？

要培養某項技能，有天分的人可以在很短的時間內培養出來，沒天分的人學一輩子都學不會，就像最近有個很熱門的網路笑話，「朋友可能會背叛你，情人可能會欺騙你，但數學不會，數學不會就是不會」。數學靠的是理解力，需要天分，而我認為培養賺價差的能力也需要靠天分；但是存股不需要天分，存股靠的是時間與經驗的累積。

只有及早認清現實，承認自己賺不了價差，才不會在很多年以後，後悔自己為什麼不早一點開始存股；「時間就是金錢」，可以說是存股投資者能夠財富自由的重要祕訣。

貸款族》閒錢該付貸款還是拿來投資？

「閒錢該付貸款還是拿來投資？」可以跟「買車應該用現金

還是貸款？」列為同樣的問題。會有這類疑問，肯定是還沒開始投資，或是不清楚自己投資獲利的能力到底有多少；如果投資獲利的能力高於借款的利息，自然會選擇把閒錢拿來投資，延後還款。

來看看實際例子吧！以下是引用自網路論壇 PTT，有位網友詢問關於貸款買車的問題：

「80 萬 84 期（利率 1.58%，利息先繳 4 萬 3,120 元）月付 9,524 元，費用 3,500 元，請問整體利率是 ok 的嗎？」

這個貸款方案是借貸 80 萬元，要先一次繳 4 萬 3,120 元、手續費 3,500 元；加上未來 7 年的還款，總共需要花費 84 萬 6,636 元。假設這位網友手頭上有一筆 7 年內不會用到的 80 萬元閒錢，他該選擇哪種方案呢？

方案 1：現金足夠，直接買車——購車共花費 80 萬元。

方案 2：現金足夠但拿去存股，同時貸款買車——購車共花費 84 萬 6,636 元。

假設我是這位網友，且手上有 84 萬 6,636 元閒錢，以及

表1 貸款買車＋存股可創造更大資金效益
——貸款買車vs.現金購車

項目	方案1》現金足夠，直接買車	方案2》現金足夠但拿去存股，同時貸款買車
購車總支出	80萬元	84萬6,636元（先繳4萬6,636元，之後7年每月還款9,524元）
存股資金	0元	80萬元
未來7年被動總收入	0元	28萬元（84萬6,636元扣除被動收入，等於購車支出只有56萬多元）
適合族群	適合不懂投資的人	適合資金較充裕，且能確保投資報酬率明顯優於貸款年利率的人

註：方案2貸款方案計入所有費用的年化利率約1.71%，並預估存股殖利率每年皆為5%

每月還款 9,524 元的能力，那麼我會選方案 2；做法是拿出其中的 80 萬元現金，投資殖利率至少 5% 的定存股；另外 4 萬 6,636 元拿去繳貸款買車的利息與手續費，之後 7 年就每月還款給銀行。

這樣一來，我每年可以領到 4 萬元（＝ 80 萬元 ×5%）的被動收入，7 年一共能領到 28 萬元；雖然只看購車總支出的話，貸款買車要比現金買車多花 4 萬多元，但與存股期間領到的被動收入相抵，其實一共少付了 23 萬多元，等於購車資金只花了 56 萬多元（詳見表 1）。

如果 7 年後我把股票都賣掉，就算股價沒漲沒跌，我照樣可以拿回 80 萬元。如果不賣股票，並假設每年股利都不變，那麼我就可以每年持續領 4 萬元直到賣出股票為止。

所以有賺錢方法的人，只要投資報酬率明顯優於貸款利率，一定都會善用貸款讓資金發揮最大效益；沒賺錢方法的人只能付現金買車，或是把閒錢拿去還房貸，因為他們找不到比貸款利息更高的投資方法。

執行面向》運用 3 策略實際投資不慌亂

除了心理問題，投資要克服的還有實際操作時才會發現的執行面問題。照理說，存股不外乎是選股→買進→持有→領股利，是相對單純的投資法，但還是會遇到一些執行面的問題，我認為應採取 3 大策略處理：

資金管理》用閒錢投資，避免被迫認賠

有些人存股會失敗，不一定是選錯股票，而是犯了一個以為不重要，實際上卻左右投資成敗的天大錯誤——沒有做好資金管理。若投資的錢不是閒錢，把生活中隨時會動用到的錢拿去投資，離虧損大概也不遠了。此話怎說？

不管是哪一種投資商品，獲利都需要時間。就算是銀行定存，最少也要存 1 個月，才能得到比一般活期存款高一點點

的利息。如果你買的是股票、基金，波動幅度更大，需要更長時間才能讓獲利的機會增加。

如果把錢統統都拿去投資股票，結果遇到股災，同時剛好被公司資遣，需要資金當生活費的時候，因為沒有閒錢，就必須被迫認賠賣股票等其他不理性的操作。

所以即使存股領股利已經是波動相對小的投資方式，也絕對要用「閒錢」投資；因為遇到股災的時候，整體投資組合就算不至於腰斬，也可能跌個 20%，要是因為需要生活費而在此時賣股票，等於最近幾年的股利都白領了。

如果都用閒錢投資，被資遣時還可動用緊急預備金，那麼不管股價如何波動，都不至於有想賣股票的念頭；因為只要繼續持有股票，還有股利這份被動收入可以領。心態正確，投資的路就會走得順。

緊急預備金的金額要準備多少？我認為最少要準備半年份，假設單身族每月花費 2 萬元，最少要準備 12 萬元的緊急預備金；保守一點的，也可以準備 1 年份 24 萬元、甚至 2 年份 48 萬元，金額多寡要看自己生活的複雜程度和令你安心的程度，以防還有其他意料之外的開銷。有了一筆讓你安心的生活預備金，有助於你無視股市的波動，也就不會在恐慌的時刻做出錯誤的投資決策。

買進時機》自創搭公車理論，降低等待風險

決定好要買一檔股票的時候，若價格比上週還要高，難免會想，「再等等看好了，等回到跟上週一樣的價格再來買。」卻沒想到股價一漲不回頭，看著股價愈來愈高，開始悔不當初。

如果擁有某檔股票的欲望非常強烈，一進入下單系統，要按下「取價」的那一刻，又會再遲疑一下，「用現價買進太吃虧了，再低掛個 1、2 檔價位好了。」結果等了半小時都還沒成交，發現股價怎麼又比剛剛高了好幾檔價位？心一橫取消上一筆委託單，趕緊用現價買進，立刻成交！

結果才成交沒多久，股價竟然又跌回來了，這時又開始氣自己怎麼這麼沉不住氣，早知道就不重新下單，這樣就能用比較低的委託價買到了。

不瞞你說，我剛開始存股時，內心也常常上演類似的小劇

場；畢竟我也只是個普通人，就算是為了存股而買進，看到股價一買進就下跌，心裡總是有點不是滋味。直到後來我把自創的「搭公車理論」運用到投資實務上，才終於解決這個煩惱。

什麼是「搭公車理論」呢？話説我戒菸之前，每次上班要等公車的時候，就會想要點一根菸來抽；那時候還沒有一直滑手機的習慣，而等車的時候沒事做，當然是抽根菸了。

但是每次我想點菸時，就會遇到一個困擾：要是菸才點下去，公車就立刻來，那這根菸不就浪費了？然而每次一這樣想而忍下這根菸的時候，車子偏偏就不來……隨著等待的時間愈久，「一點菸、公車馬上來」的風險就愈來愈高！

後來我就想通了，每次等公車的時候，菸點下去抽就對了。

如果菸一抽，公車馬上來，那不就省去等公車的時間？看到公車來趕快多抽兩口菸然後上車，省去等公車時間，這樣不錯；如果菸抽下去，公車沒有來，那我這根菸就沒有浪費到，正合我意。

這樣的心態就很適合應用在股票投資上，覺得某一檔股票公司好，很想擁有，但股價不算便宜，且也不確定接下來的股市趨勢，那就先買少量，或是買 1 張就好。

如果買進之後，股價繼續漲上去，因為之前已經有買了，還是有賺到，繼續等待時機加碼就好。

如果買進之後，股價掉下來，不就如我所願？因為我不是就在等股價下跌、用便宜價格買進嗎？由於我以前會買來存股的股票，通常殖利率會超過 5%；假設股票買在 100 元，跌了 5%，對我來說這 5 元的損失靠 1 年的股利就可以彌補，所以不算賠；如果股價跌 10%，等於是打了 9 折，更可以考慮繼續加碼了。

虧損處理》用「常態分布淘汰法」賣出賠錢股

投資不如預期的狀況，每個人都會發生，其實就連股神巴菲特（Warren Buffett）都會買錯股票，何況是我們普通人？所以必須想好一套應付投資失敗的停損對策，面對失敗就比較不會那麼害怕。

很多人不喜歡停損，因為從負面角度來看，停損代表自己的決策錯誤。很少人會承認自己笨、承認自己做錯事情，也才會有那麼多人股票被套牢就會自我催眠說「沒賣掉就沒有賠」，明明是套牢硬要說是存股。

而從正面的角度來看，停損代表你對自己的投資負起責任，承認先前的決策錯誤，並趕快想辦法改善，這才是最正確的做法。套一句證嚴法師的名言，「面對它、接受它、處理它、放下它」。

每一種投資方法都需要建立停損機制，像是投資期貨如果沒有停損就會被斷頭抬出場，用投機心態買熱門股沒有停損就可能眼睜睜看它變壁紙。而像我這樣存一籃子股票，也是有可能遇到少數幾檔股票虧損，出現這幾檔股票「賺了股利賠了價差」的狀況。

我有提過我在存股的前幾年，也都不去處理虧損的股票，因為每檔股票占我的投資組合比重都很小，而我一方面也是抱著實驗心態，想觀察我採取的投資方式會形成何種樣貌。

後來我開始決定要處理虧損股票時，採取的是「常態分布淘汰法」，也就是觀察這一籃子股票的長期績效，將績效最差的股票賣掉，並將資金挪到有把握會長期上漲的標的，我稱之為「資金轉化」。

我的股票約有 60 檔，比元大台灣 50（0050）還要分散。先觀察一下 0050 的持股，就會發現除了台積電（2330）之外，其他 49 檔股票，每檔股票所占的比重都非常低，大概 0.5% 至 3% 不等（詳見表 1）。

其中，輪胎大廠正新（2105）在 0050 當中，占比僅約 0.3%。假設 0050 股價現在是 100 元，而之後正新股價腰斬，使得市值只剩下一半，占比降為 0.15%，你覺得正新股價腰斬會對 0050 有什麼影響嗎？假設不考慮其他變數，也只會使 0050 股價從 100 元降到 99.85 元。

實際來看正新的股價變化，它從 2013 年開始股價不斷下滑（詳見圖 1），從 100 元左右跌到 30 幾元。

我們來看看，假設有存股族從 2013 年除權息前以 100 元股價買進 1 張（1,000 股）正新，一直持有到 2020 年除權息之前以 30 元賣出，價差與股利分別是多少（以下計算暫不計手續費與證交稅）？

表1 除了台積電外，0050持股權重都低於5%
——元大台灣50（0050）持股明細及比重

證券代碼	證券名稱	持股權重（%）	證券代碼	證券名稱	持股權重（%）
2330	台積電	48.87	2892	第一金	0.77
2454	聯發科	4.92	2327	國　巨	0.76
2317	鴻　海	4.67	6415	矽力-KY	0.74
2308	台達電	2.19	5880	合庫金	0.69
2303	聯　電	2.11	2207	和泰車	0.62
2881	富邦金	1.84	2880	華南金	0.60
1301	台　塑	1.74	3045	台灣大	0.57
1303	南　亞	1.66	1590	亞德客-KY	0.55
2882	國泰金	1.57	2887	台新金	0.53
2412	中華電	1.51	2912	統一超	0.52
2002	中　鋼	1.48	5876	上海商銀	0.52
2891	中信金	1.45	4938	和　碩	0.51
3711	日月光投控	1.28	6505	台塑化	0.47
2886	兆豐金	1.24	2474	可　成	0.46
1216	統　一	1.22	2395	研　華	0.46
2884	玉山金	1.06	1402	遠東新	0.43
3008	大立光	1.05	1102	亞　泥	0.41
1326	台　化	1.02	2801	彰　銀	0.38
2885	元大金	1.02	4904	遠　傳	0.36
3034	聯　詠	0.98	9910	豐　泰	0.36
2357	華　碩	0.96	2105	正　新	0.30
1101	台　泥	0.90	6669	緯　穎	0.26
5871	中租-KY	0.90	8046	南　電	0.24
2382	廣　達	0.82	2408	南亞科	0.22
2379	瑞　昱	0.78	2633	台灣高鐵	0.21

註：1. 資料日期為 2021.05.25；2. 元大台灣 50 於每年 3、6、9、12 月執行季度調整

資料來源：元大投信

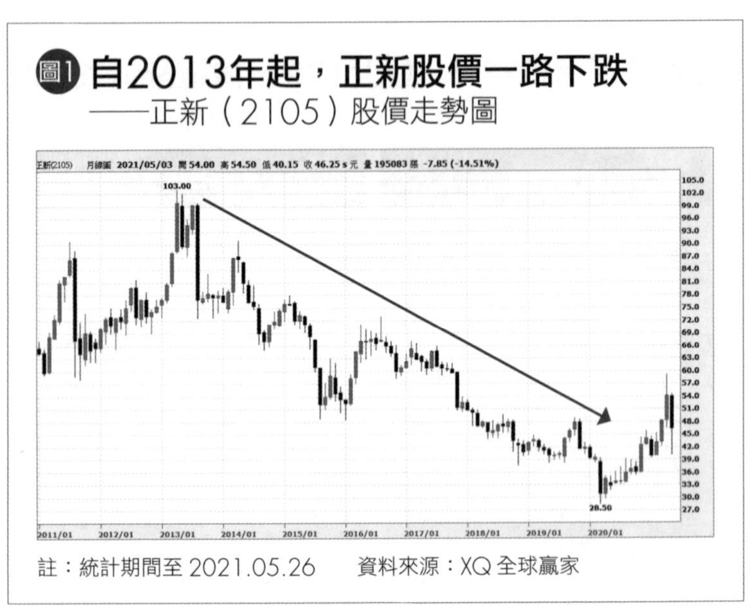

1. 價差：虧損 7 萬元

◎買進成本＝每股 100 元 ×1,000 股＝ 10 萬元。

◎賣出金額＝每股 30 元 ×1,000 股＝ 3 萬元。

◎價差＝ 10 萬元－ 3 萬元＝ -7 萬元。

2. 股利：獲得 2 萬 3,135 元

①股票股利：因為 2013 年有配到每股 1.5 元的股票股利（詳見表2），持有 1 張可配 150 股；最後也把這 150 股賣掉，

表2 2013年正新配發每股1.5元股票股利
——正新（2105）股利政策

股利配發年度	現金股利（元/股）	股票股利（元/股）
2011	2.00	2.0
2012	1.40	1.4
2013	1.50	1.5
2014	3.00	0
2015	3.00	0
2016	3.00	0
2017	3.00	0
2018	1.80	0
2019	1.10	0

註：本表年度為股利配發年度
資料來源：XQ 全球贏家

可以進帳 4,500 元（＝ 30 元 ×150 股）。

②現金股利：2013 年因獲得股票股利 150 股，2014 年起帳上一共累積 1,150 股，因此每年能領到的現金股利如下：

◎ 2013 年：1.5 元 ×1,000 股＝ 1,500 元。

◎ 2014 年：3 元 ×1,150 股＝ 3,450 元。

◎ 2015 年：3 元 ×1,150 股＝ 3,450 元。

◎ 2016 年：3 元 ×1,150 股＝ 3,450 元。

◎ 2017 年：1.8 元 ×1,150 股＝ 2,070 元。

◎ 2018 年：1.1 元 ×1,150 股＝ 1,265 元。

◎現金股利合計：1 萬 8,635 元。

由上述計算可得出，持有期間所領的股票股利與現金股利合計為 2 萬 3,135 元。

將價差虧損加上股利所有進帳，等於賠了 4 萬 6,865 元，累積報酬率負 46%。當初花了 10 萬元買 1 張股票，只剩下 5 萬 3,135 元，差不多腰斬了。

不過，這檔股票還是待在 0050 裡面，0050 也並沒有因為它而倒掉。存股組合裡只要做到產業分散、個股分散，那麼單一股票的股價變化，對這一籃子股票的影響就會變小；一般的市況下，你手中持股一定有其他股票會上漲，就能彌補特定股票下跌的帳面損失。

正新也是我以前的存股之一，我從 2011 年就持有，後來在 2020 年新冠肺炎期間，我用 30 幾元的價位賣掉，累積報酬率大約是虧損 20% 左右。

賣出的資金，我打算轉到確定是成長趨勢的標的；當時新冠肺炎疫情正席捲全球，我知道股市來到相對低點，但我也不想猜測個股的走勢，所以選擇將資金轉進 ETF。當時我以每股 20 元左右買進富邦公司治理（00692）這檔 ETF，隨著台股的快速反彈，很快就彌補了我投資正新的虧損。截至 2021 年 5 月，我持有富邦公司治理的累積報酬率大約 70%；而 30 多元賣掉的正新在這段期間當然也有反彈，上漲幅度 40% 左右；相較之下，我當時所做的轉換策略是正確的。

對於我那一籃子存股，我還是不會頻繁去看它們的股價變化；我只會大約每年看個 1、2 次，如果長期觀察下來，又出現績效持續變差的股票，才會考慮換股；或是發現有更好、更具成長性的股票，也會考慮賣掉績效相對差的舊股票，來籌措買新股票的資金。

那麼，如果現在你手頭上正好有聽信明牌買進而大賠的股票，而且那檔股票也配不出股利，建議你還是得正視它、勇敢處理掉。

分享一個例子，2018 年 6 月的時候，友人聽信讒言買進了 4 張鍊德（2349），買在平均 18 元的價位，共花了 7 萬 2,000 元；放到 2019 年 9 月，歷經減資，4 張變成 2.9 張，股價變成 9 元，股票市值縮水到 2 萬 6,000 元左右；這檔股票看起來又不會發股利，這時候應該如何處理？賣還是不賣？

賣掉，代表的是承認自己的錯誤，認列虧損。不賣，就是鴕鳥心態，心裡想的是「放著總有一天會回來吧？先放著好了，以後再說。」

回到我常說的，心理問題解決了，數學問題就有解了。先解決心理問題，你不願意賣，可能是覺得實現虧損心很痛，所以始終砍不下去。但是說真的，除非你的手頭真的很緊，需要賣股票換現金過日子，否則就算不處理它，也不會對你的人生有何影響；或許真的就放它到股票下市，你還能用「這筆投資失敗不是我的錯，是這公司太爛，害我股票變壁紙」這個藉口來安慰自己。

但是，放著不處理，不是一位認真的投資者應該有的態度；只要你有想財富自由的企圖心，都應該正視失敗的投資，把錯誤改正，才能在投資這條路走得愈來愈順暢。

再解決數學問題。處理掉虧損的股票後，接下來該拿這筆錢怎麼辦？較安穩的做法就是去買其他穩定配股配息的股票，或是被動式投資的 ETF。那筆失敗的投資是投入了 7 萬 2,000 元，最後拿回約 2 萬 6,000 元；那就再拿這 2 萬 6,000 元去買 5% 殖利率的穩定配息標的，之後每年領的股利再投入，這樣在 21 年後，2 萬 6,000 元就能變回 7 萬 2,000 元。

要花 21 年難道不會太久嗎？存股靠的就是用時間賺錢。在接下來的時間，你可以好好地研究投資，讓投資功力更精進，就有機會可以更快回本。

我們這輩子賺的錢，有一部分會花掉（消費），有一部分會有效率的投資（買好的股票，或建立存股組合，以及購置不動產），有一部分會做低效率的投資（銀行活存），有一部分會有很高的機率虧損（投機型的投資、買彩券）。所以我們可以把虧損的投資變成有效率的投資，就算再怎麼消極，也得把它轉化成低效率的投資；上述的例子是用 21 年的時間去把虧損的錢慢慢養回來，那不妨就當作你一開始是把 7 萬 2,000 元放在銀行活存裡，只是 21 年後再拿出來用罷了。

最後，我把以上的故事歸納出幾個重點：

1. 分散持股，少量購買，不單壓某檔股票，存股組合求的是整體投資組合的表現。

2. 長期觀察，將落後的股票轉換成 ETF，靠時間賺回來。

3. 股票賠錢不可怕，只要你有對應的方法去面對它，處理它，放下它。

選股面向》從模仿開始 逐漸建立自己的投資風格

我離職後，開始常跑傳統市場，到了水果攤就會看到一些婆婆媽媽在攤子前面挑水果。看著大家水果拿起來又放下去，再拿一個起來又放下去，好像心中有一把尺，知道如何挑水果。

我覺得這跟買股票選股很像。股票市場上千檔股票，你怎麼知道應該買哪一檔股票？這個買了之後會不會出問題？人家報這檔好像後續會漲，該不該買？

參考成功者經驗，用 5 原則評估是否納入組合

每個人的個性、生活經驗、工作歷練、財務條件、理財目標都不同；同樣是投資，有人喜歡冒險，有人甘於平淡。就拿存股來說，同樣都是長期持有股票，每個人的選股風格也各有千秋；每個成功的存股族，一定都有自己的好球帶，就像經驗豐

富的婆婆媽媽總是有辦法挑到新鮮又甜美的水果一樣。

如果不懂得怎麼開始，那就先跟成功者學習。現在取得資訊的管道相當方便，不管是看書、讀新聞、逛社群網站，一定都能接觸到各種類型的投資達人。看看他們都買什麼股票？他們買股票的原則是不是能穩定獲利？你能不能真心認同？例如有人喜歡買一籃子高殖利率的股票，有人只愛民生消費股，有人只買金融股，有人只買元大台灣 50（0050），也有人很會挑成長股，輕而易舉買到漲 1 倍、2 倍的股票。

觀察一段時間之後，參考他們的投資策略、對某檔股票的看法，真的能夠認同的話，可先投入少量資金買進。當然現在網路自媒體很多，到底誰是真正的投資達人，一開始往往無法分辨。不過透過長時間觀察，反覆驗證那位投資達人發表的言論，通常就可以知道他是否是真材實料。

但即使你挑對了值得學習的投資達人，買了他們也持有的股票，為什麼還是感覺很難賺錢？這裡我想用一個我以前養魚的故事來說明。

大約在 2010 年時，我很喜歡養魚，淡水魚、海水魚我都有養。那個時候網路有很多養魚的社團，大家會在上面討論和交換養魚的心得。

養魚也有門派之分，要用多大的魚缸、要怎麼放置過濾設備、魚缸底部要不要放底沙……不同門派的做法都不一樣。

身為初學者，我當時覺得最快的方式就是追隨我認定的養魚達人，跟他用相同的過濾設備，也請教了達人各種問題，信心滿滿地開始養了之後，卻無法得到跟養魚達人相同的結果。於是我認為，一定是這個門派不好、這個工具不行，我需要換成另外一套過濾系統才能把魚養好，把失敗歸咎於選錯門派、用錯系統。

後來我才承認，每一種養魚的系統，都有能把魚養得很好的達人；為什麼別人可以養得好好的，我養就會出問題？原因根本是我對這套養魚系統不夠了解，過濾設備的特性和原理、如何維護、放置位置，每個環節都有可能導致失敗。結論是，不是系統有問題，是我自己的方法有問題。

投資股市也和養魚一樣，股票市場有很多種門派，每個人都專精在自己的領域；所以每個人看股市的面向都不相同，選股哲學不同、進出場策略不同、資金配置方法也不同。就算你只跟隨某一個達人當老師，得到的結果也是不同。

所以不管是養魚還是投資，一開始可以模仿，但最終會形成什麼結果，還是得靠自己，真正去理解使用方法和原理，才能有效的使用。遇到問題你可以尋求達人的意見，但是這個人可能只能幫助修正你的系統，真正維護和操作這個系統的人還是你自己。

多方涉獵這些理財達人的書籍、YouTube 影片或是相關文章，就可以知道這些達人的選股看法和理由；如果可以説服你，這檔股票是你也認同的，就可以少量買進然後觀察後續狀況。用這種方式慢慢增加自己手中持股的種類（類似自組股票型 ETF），也可以讓自己對市場保持敏感度。在股票市場存活久了，經驗豐富了，自然能讓你養成自己的投資風格、訓練出自己專屬的投資邏輯。

我提過我的 2 大選股主軸是「選最強大的公司」以及「選穩健的產業」（詳見 1-6）；而如果是我認同的投資達人所推薦的股票，我也會列入參考，並按照以下原則評估是否要加入存股組合：

1. 查詢產業是否符合個人偏好

我是科技業出身，台股當中許多個股也都屬於科技類股，像是一些電子元件工廠，或是 DRAM ／ LCD 面板族群；但對於這些族群，我個人覺得相對於傳產類股顯得複雜得多，而且科技業汰換速度快，一不小心，一家公司就可能從成長變成衰退。所以我個人其實是比較喜歡投資傳產類股，產業和營收比較單純，需求也相對穩定，比較不會有配不出股利的狀況，很適合像我這樣需要被動收入的存股族。

2. 查詢是否有負面新聞

公司的董事長或是相關高層，如果有太多奇怪的新聞（例如股東成立自救會、經營權爭奪戰、董事長炒股……等等），表示他們的內部管理可能有問題，或人事不穩定，甚至是公司老闆沒有用心經營公司等，我會盡量避免投資。

另外，如果財務狀況複雜、不易懂，像是轉投資一堆跟本業不相關的子公司，或是海外上市的 KY 股，這對我來說就是不易了解、過於複雜，我存股也都會避開這類公司。

3. 查詢歷史 K 線圖，確認股價是否穩定

我會從歷史 K 線圖觀察公司以往的股價表現，一家公司如

果經營績效穩定或逐漸成長，儘管短線還是有波動，但是長期（8 年以上）的歷史 K 線圖一定是十分穩定或是愈來愈高。

4. 查詢歷年股利是否符合個人期望值

對於一家穩定獲利的公司，我還會去查詢歷年股利，了解公司的股利政策，評估自己能不能接受？如果公司成長性普通，殖利率也不高，我也會考慮放棄這個標的。

5. 查詢最近營收與獲利是否異常

營收是公司做生意獲得的營業收入，每月都會公布 1 次，是我們最快能看到公司經營績效的數字。我會從公司過去 1 年的營收，看看是否有偏離歷史太多？如果衰退很多，就去了解原因以及是否有改善契機。

另外，也要避免掉入高殖利率陷阱，例如看到有某檔股票突然被點名「高殖利率概念股」，就要留意它殖利率變高的原因；例如是不是有一次性的獲利導致單一年度配出較高的股利？通常這樣的公司在宣布股利後會突然大漲，然後就會漸漸被打回原形。

此外，也可能有公司過去獲利和股利都很穩定，但在股利沒增加的狀況下，卻因為股價大跌而使殖利率變高，這時就要留意股價下跌的原因，不要單純因為殖利率變高就貿然買進。

不敢選股的投資人，可先從 ETF 入門

台灣的公司要能上櫃或上市，都要經過主管機關審核；所以理論上有賺錢的公司，才能上市上櫃。雖然還是有些奇怪的小公司圖謀不軌，利用股票市場籌資然後掏空公司資產，這類報導時有所聞，但我們不能因為少數事件去否定整個股票市場。

觀察近幾年的數據，虧損家數占所有台股上市櫃公司的比重大約是 20% ～ 22% 左右，也就是你大約有 8 成的機會可以投資到賺錢的公司。

因此如果你真的不敢自己選股，那麼投資追蹤大盤的 ETF，是能參與台股眾多公司獲利最簡單的方式。比如買進一張 0050，就是幫你把錢按公司市值大小比率去買進那 50 家公司的股票，這樣就可以避免單一公司出包的風險。

這裡要特別提醒，只有追蹤大盤的 ETF 如 0050、富邦台 50（006208）可以獲得貼近台股大盤的報酬率。其他主題

型的ETF，例如元大高股息（0056）是從台灣前150大公司，找出未來1年預估現金股利殖利率最高的30家公司。另外像是討論度很高的富邦公司治理（00692）和元大臺灣ESG永續（00850）、國泰永續高股息（00878）等ETF，是將「公司治理評鑑」或「ESG」（環境、社會、公司治理）納入選股考量。因此買進之前也得去了解它們選股的原則、殖利率等基本資料，確定符合你的信念再開始投資。

投資ETF是很好的入門工具，適合不敢自己選股的新手。但我還是鼓勵新手們在投資ETF的同時，也可以多多了解其他股票，培養對市場與趨勢的敏感度，去找到更適合你的好球帶！

槓桿投資》善用股票質押加速放大存股資產

身為存股族，本應乖乖地領股利就好，但我卻在 2019 年做了以前認為超級危險的「借錢投資」這件事，在這裡就來好好談談我對於借錢投資的看法。

借貸能以小搏大，但須留意風險

借錢投資是以小搏大，如同槓桿原理可以用相對小的力量舉起相對重的物品，借錢投資可以用相對少的資金，去執行金額相對龐大的投資；一旦沒有控制得宜就會受傷，最好的例子就是引發 2008 年金融海嘯的源頭「次貸風暴」。引發「次貸風暴」的銀行房貸一開始是如何運作的呢（詳見圖 1）？

1. 購屋者向地產商買房子，銀行將資金貸款給購屋者，購屋者再付給地產商。

2. 銀行定期拿到購屋者繳交的部分本金與利息收入。

3. 如果故事到這裡就停止的話，那銀行要準備多少資金啊？所以要想辦法把借給購屋者的貸款，從別的地方收回來才行。於是銀行就把屋主還沒繳清的房貸，撥一部分出來包裝成投資商品賣給其他投資人並支付利息，也就是所謂的不動產抵押貸款證券；其他投資人就可以領到利息這項現金流收入。

4. 銀行從其他投資人手中拿到一筆資金，接下來就可以把錢借給另一個買房的屋主，再進行下一個循環……。

因為這個模式太好賺了，但不是永遠有那麼多人擁有能力買房，所以銀行開始放寬借貸標準，用較高的利率、更長的寬限期，把錢借貸給那些沒有足夠能力、信用差的購屋者，這就是所謂的「次級房貸」。接著，銀行又把次級房貸債權再包裝成投資商品，重複同樣的循環。最後，愈來愈多屋主繳不出房貸，銀行呆帳愈來愈高，房市崩落、房貸包裝成的投資商品價格暴跌、金融機構紛紛面臨財務危機……後來的故事大家都知道了。

次級房貸導致了一個重大的慘劇，但是銀行把錢借給屋主，

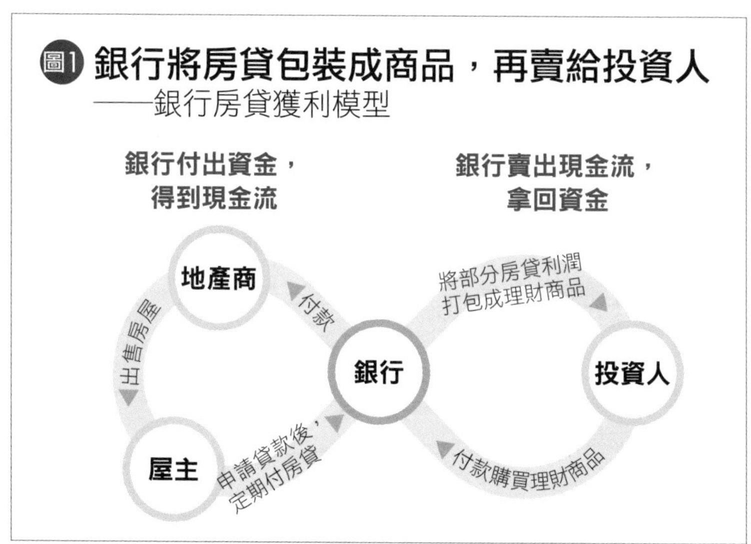

又把獲得的債權再賣給別人收利息，這其實是一個很不錯的獲利模式；只要當初銀行控管好風險，嚴格審核貸款的品質，就不至於引發如此重大的風暴。

而我所建立的存股被動收入系統，現金流模式其實跟銀行放貸很像；銀行是借錢給別人換來一筆債權，定期收房貸利息；而我則是拿錢去換股票，再定期收股利。

而銀行如果只是呆呆地每月回收利息，賺錢速度就太慢了，所以銀行會再利用那些房貸債權創造其他獲利。

將抵押債券思維運用在存股上，活化股票資產

同樣的思維，我把股票呆呆的放在集保帳戶裡，如果想讓這些股票再創造其他獲利，就得想辦法去活化它。2018 年～2019 年時，剛好認識到「股票質押借款」，研究後發現這個工具非常適合放進我的投資系統裡，只要控制得宜，要承擔的風險其實非常小。

比如我把所有資產的 1% 拿去抵押借款，幾乎沒有風險；那麼 10% 有風險嗎？ 20% 呢？ 50% ？我先模擬出存股搭配股票質押借款的獲利模型，確定我可以承擔風險後，就開始了股票質押借款的實驗。存股搭配股票質押借款是這樣運作的（詳見圖 2）：

1. 投資人付出資金，向公司或其他投資者買入公司股票。

2. 投資人定期拿到公司分配的股利。

3. 投資人將手中股票抵押給銀行，借出一筆錢，然後拿一

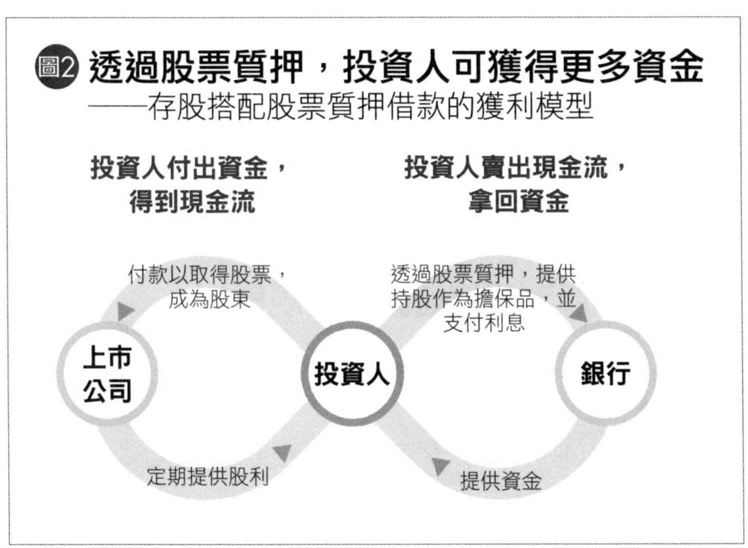

部分的股利繳交銀行借款利息。

4. 投資人拿到資金後，買進更多股票，再進行下一個循環……。

股票質押借款的原理很簡單，但是其中包含了很多必須遵循的規則，比如抵押的股票市值需保持一定的「維持率」，以及質押借款利息一定要每個月付……等，如果有個閃失也會遭遇賠錢風險。

因此只要掌握清楚規則，就可以有效控制風險；就像是開車到一個陌生的地方，因為不熟悉地形，自然會覺得危險；但是只要事先勘查，知道哪裡有懸崖、哪裡有沼澤，就會知道要怎麼避開，不就能確保安全了嗎？

搞懂 5 項股票質押借款運作規則

接下來我就來介紹股票質押的運作規則；了解規則後，你就會知道要如何運用，以及如何掌控風險。

1. 借款抵押品為股票

銀行要借你大筆款項，一定需要抵押品；房貸的抵押品是房地產，股票質押借款的抵押品就是股票。

2. 依抵押品分級決定貸款成數和利率

銀行會將股票風險分級，不同等級的股票，可以借出的成數和借款利率也不一樣。

比如你抵押市值 100 萬元的股票給銀行，銀行最高只會借你 60 萬元（以抵押品鑑價市值的 6 成為上限）。利率方面，以我碰到的狀況來說，我抵押台積電（2330）的借款利率是 2.1%，但是抵押元大台灣 50（0050）的借款利率則有 2.5%。另外，如果銀行認為某些公司的營運狀況不佳，乾脆就不收此類抵押品。

3. 銀行依過去 60 天股價平均值鑑價

假設你今天要抵押某檔股票，並不是前一日市值 100 萬元，銀行就會用 100 萬元去鑑價；銀行會以過去 60 天的平均值，來當作可以抵押的金額。

4. 抵押品須保持一定維持率

這是借款人最需要搞懂的。維持率是指你抵押的股票市值，相對於你借款金額的比率。例如抵押品市值 100 元，借款 60 元，這時候的維持率就是 167%（＝ 100÷60×100%）。

所以當股價下跌，維持率就會降低；當維持率降低到銀行規定的數字，就得想辦法提高維持率，否則最慘的狀況，會被銀行強制賣掉股票（又稱為斷頭），得不償失。所以錢借出愈多，風險愈高。

假設 A 銀行一開始要求的維持率是 167%，並規定維持率低於 117% 以下時，你就得提高維持率。那麼當你所抵押的股票市值下跌 30%，從原本 100 元的價值變成 70 元，維持率變成 116.7%（＝70÷60×100%），此時銀行就會通知你提高維持率，看你要增加抵押品或是歸還借款都可以。

如果維持率沒辦法在銀行規定時間內（通常是 3 天）提高到 117%，銀行就會強制斷頭將你的股票賣出。因為銀行借了你 60 元，現在你的抵押品市價已經變成 70 元，哪天繼續跌到 60 元以下銀行賠錢怎麼辦？所以銀行就會有一個強迫把抵押品賣出的機制，這就是維持率的運作方式。

而因為我是將借出來的錢，再拿去買更多股票，所以我會再把新買的股票當作抵押品，再抵押給銀行，這樣就能輕鬆地提高維持率。

比方說，一開始借款時，是拿 100 萬元市值的抵押品借出 60 萬元；如果再把 60 萬元拿去買股票並抵押給銀行，這樣我的抵押品就變成了 160 萬元，維持率也會提高到 266.7%（＝160÷60×100%），這是一種加大槓桿以及提高維持率的技巧。

5. 合約為每年一簽

每年重新審視合約，這點我覺得也很重要。當你借款 1 年之後，當初 100 元的抵押品市值下跌變成 85 元，這時候維持率變成 141%（＝85÷60×100%），低於一開始規定的 167%，銀行就會在新的年度，要求你歸還借款金額，或是補充抵押品。

除了銀行之外，券商也有辦理股票質押借款業務，可以先比較它們的續約規定。例如有的銀行允許讓你合約到期之後，簽立新的合約然後以新合約歸還舊合約；但有的券商會要求借款人在期滿時先歸還借款，再重新簽訂合約。

不過，借錢買股票是為了加大財務槓桿，如果時間到了要先還錢，就必須把借錢買的股票賣掉（別忘了買賣股票的成本），重新整理財務狀況，再來簽 1 年的新合約，這種方式太不實際。如果 1 年後股價正好很低迷怎麼辦？不就得賠錢賣股票？所以對於這種要求期滿時先還款的合約，我就會直接剔除。

依照維持率原則，控制 2 類風險

少量借款是活化資產，大量借滿是賭身家，為了妥善運用這個工具，我很謹慎評估這些風險。那麼我是怎麼評估的呢？我先把銀行以及自己的規則列出來：

1. 維持率須維持 166.67% 以上。

2. 當股票市值下跌，使維持率下滑時，銀行會做什麼：

①股票市值跌 1 成，維持率降到 150%，銀行會提醒我。

②股票市值跌 2 成，維持率降到 133% 以下，銀行會通知我回補資金以提高維持率，可部分還款或再追加股票質押。

③股票市值跌 3 成，維持率降到 117% 以下，若不處理，銀行就會賣掉質押股票強制還款（即斷頭）。

3. 我的風險控制原則：

①維持率須＞ 167%，才能確保隔年可續約。

②維持率須＞ 117%，才能確保不被銀行斷頭賣出。

股市難免有波動，如果遇到突發的股災而導致股票被斷頭，那就太危險了。所以我想，質押歸質押，只要不借太多錢，就能保持高維持率。

我用 Excel 製作了一張風險評估表（詳見圖 3、註 1），表中顯示，股票總資產 3,500 萬元，如果拿 2,000 萬元去抵押，

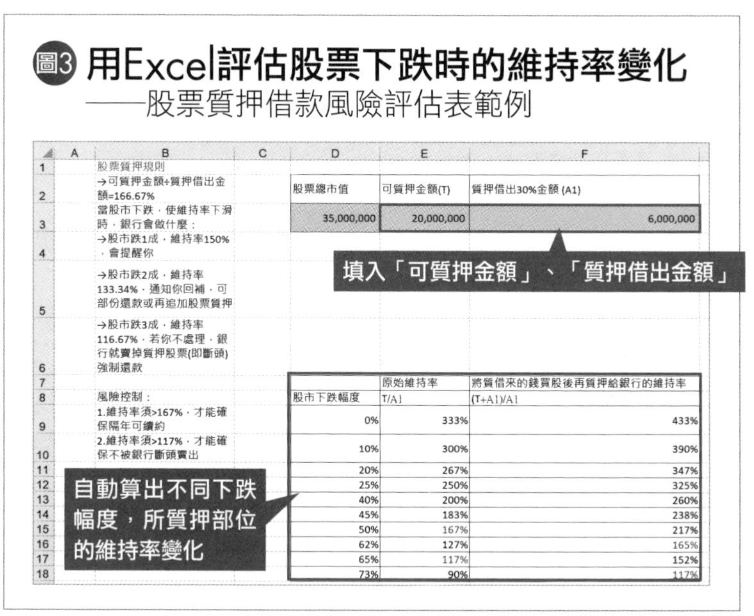

圖3 用Excel評估股票下跌時的維持率變化——股票質押借款風險評估表範例

	A	B	C	D	E	F
1		股票質押規則				
2		→可質押金額÷質押借出金額=166.67%		股票總市值	可質押金額(T)	質押借出30%金額 (A1)
3		當股市下跌，使維持率下滑時，銀行會做什麼：		35,000,000	20,000,000	6,000,000
4		→股市跌1成，維持率150%，會提醒你				
5		→股市跌2成，維持率133.34%，通知你回補，可部份還款或再追加股票質押				
6		→股市跌3成，維持率116.67%，若你不處理，銀行就賣掉質押股票(即斷頭)強制還款				
7					原始維持率	將質借來的錢買股後再質押給銀行的維持率
8		風險控制：		股市下跌幅度	T/A1	(T+A1)/A1
9		1.維持率須>167%，才能確保隔年可續約		0%	333%	433%
10		2.維持率須>117%，才能確保不被銀行斷頭賣出		10%	300%	390%
11				20%	267%	347%
12				25%	250%	325%
13				40%	200%	260%
14				45%	183%	238%
15				50%	167%	217%
16				62%	127%	165%
17				65%	117%	152%
18				73%	90%	117%

借出30%、共600萬元的資金，這樣的維持率就是333%（＝2,000萬÷600萬×100%）。

而我所抵押的股票要下跌到什麼程度，我才會面臨風險？

註1：讀者可以輸入網址「https://hyccyh.page.link/jovi4」，或是掃描QR Code來下載我的股票質押風險評估表範例。

1. 無法續約的風險

假設 1 年後要續約時，股票市值大跌 50%，我才會面臨無法續約的風險。

但如果我把借出 600 萬元資金所買的股票，再抵押給銀行增加維持率，那我可以承受股票市值下跌 62% 的風險。

2. 斷頭風險

在抵押股票過程中，我抵押的股票市值要下跌 65% 以下，才會面臨維持率不足 117% 的斷頭危機。

但如果我把借出 600 萬元資金所買的股票，再抵押給銀行增加維持率，那我可以承受股票市值跌 73% 的風險。

每次股市暴跌就會出現的國安基金（全名為國家金融安定基金）運作流程也是這樣。隸屬於行政院的國安基金管理委員會，在股市大跌需要救市的時候，就會將國家持有的股票，拿去向銀行抵押借款，買入大型龍頭類股去穩定股市。

像是 2020 年新冠肺炎疫情，國安基金在大盤跌 30% 的時候才進入市場，當時要再往下跌 30% 的風險很低；所以國安基金在大盤低點，用官方股票借款，取得資金之後投入市場，等待市場回穩後再找時機賣出，這樣的策略看起來是可行的。

我在仔細了解股票質押的運作方式和風險之後，接下來就將借款拿去買台積電股票，讓我的資產大躍進。

最後要再提醒一次，每家銀行或券商對於維持率的規定、續約規定都不太相同，在簽約前一定要比較並看清楚合約，做好風險控管再決定。簽約後也應時時控制好借款金額與維持率。

5-5 實例分享》掌握逢低布局機會 買進 45 張台積電

2019 年當我決定要採取股票質押借款時，盤點股票資產大約有 2,000 多萬元，當年約可產出 100 萬元股利；如果全數質押，可以借出抵押品的 6 成，也就是 1,200 萬元。後來我將 2,000 萬元的股票拿去質押借款 30%，並將銀行借給我 600 萬的資金陸續投入台積電（2330），那時候台積電價位大概是在 250 元左右（詳見圖 1）。

2020 年初，我又將房屋增貸 600 萬元，在台積電 300 元至 400 元之間陸續增加持股；總計我在這 2 年共買進 45 張台積電，持股成本平均約 339 元，共投入約 1,500 多萬元。

透過 7 問題，反覆確認買進理由

借錢投資的風險我已經控管好了，但是重壓單一股票，完全

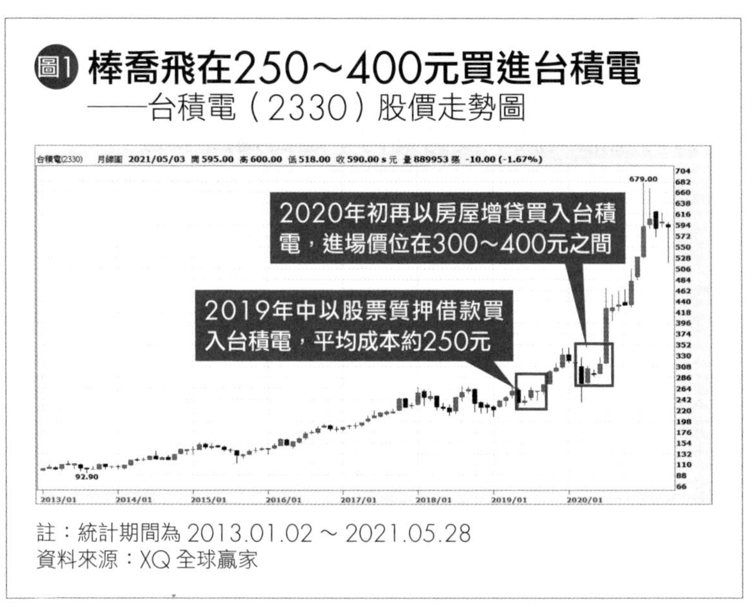

圖1 棒喬飛在250～400元買進台積電
——台積電（2330）股價走勢圖

註：統計期間為 2013.01.02 ～ 2021.05.28
資料來源：XQ 全球贏家

與我過去的存股原則背道而馳。為什麼我敢這麼做？

因為我對於投資的各種恐懼、疑問、風險，台積電統統都有解答，我找不到台積電的問題。當時我找不到理由去指出台積電哪裡不好、不可以買、買了會出什麼問題等等。我列出了投資個股會有的疑問：

1. 公司是否會倒閉？

台積電已經是全世界前 10 大公司了，大到不能倒。

2. 公司產品與競爭優勢為何？是否獨占市場？

台積電是專業晶圓代工公司，全球市占率第 1。台積電的 7 奈米製程技術領先，市占率、毛利率 50% 以上。2021 年時，5 奈米製程已經量產，3 奈米規畫中。

2021 年的現在，若需要可靠、穩定的先進製程晶片，就只有找台積電一家，別無分號；技術領先、獨占市場，造就了台積電獲利的護城河。

我們常聽到某家公司收到一筆大訂單，所以股價準備上漲了，可是我並不知道這個訂單可以讓這個公司營收增加多少，持續多久，讓股價漲到多少。但是台積電的技術領先全世界，是晶圓先進製程唯一製造商，可以很簡單的推斷，只要技術持續領先，台積電營收就會持續增加，股價也會有穩定的支撐（詳見表 1）。

3. 如果產線都滿了，如何賺更多的錢？

想觀察台積電如何能賺更多錢，最簡單的方法就是看它是否持續增加資本支出，也就是擴廠、增加產能。

表1 台積電近年營收與獲利皆持續成長
——台積電（2330）近年營收與獲利

年度	營業收入（百萬元）	稅後淨利（百萬元）
2012	506,745	166,318
2013	597,024	188,147
2014	762,806	263,882
2015	843,497	306,574
2016	947,938	334,247
2017	977,447	343,111
2018	1,031,474	351,131
2019	1,069,985	345,264
2020	1,339,255	517,885

資料來源：XQ 全球贏家

台積電從 2016 年開始，資本支出都在百億美元以上，2019 年原本預估為 110 億美元左右，最後提高到 149 億美元，更增加了我對它的信心。

而後也可以看到台積電在 2020 年買入土地以及其他公司的現成廠房，繼續擴大資本支出；2020 年台積電的資本支出提高到 172 億美元，2021 年 1 月原本宣布 2021 年資本支出是 250 億～ 280 億美元，4 月法說會時又提高到 300 億美元（詳見表 2）。當未來 5 奈米、3 奈米、2 奈米製程，都會分別有新的廠房來生產，營收自然會繼續往上升。

4. 公司風險為何？

台積電過去的其中一個主要競爭者三星電子（Samsung，以下簡稱三星），宣稱要在 2022 年以 3 奈米製程彎道超車。先假設三星能做到，那麼至少在 2022 年之前，台積電的技術優勢地位都難以撼動；而技術優勢就是訂單的保證。

當 A 和 B 兩家同為競爭對手的公司，比如做電腦顯示晶片的輝達（NVIDIA）與超微（AMD），都需要最先進製程的晶片來讓效能贏過對手，為了避免落後敵對公司、失去市占率，所以兩家公司都必須向當今擁有先進製程的台積電爭取代工，這就是世界級科技公司高度依賴台積電的核心原因。

那麼，三星真能超車成功嗎？別忘了台積電曾在 2015 年蘋果 iPhone 6S「晶片門」事件打出漂亮的一仗（註 1），而且在2奈米製程也沒有閒著，準備廠房，技術準備，擴大產能，在 2022 年一定會有一場激烈的商業戰爭可以預期。

5. 股票退場機制為何？

表2 2015年以來，台積電資本支出持續成長
——台積電（2330）近年資本支出

年度	資本支出（億美元）
2015年	80
2016年	102
2017年	108
2018年	105
2019年	149
2020年	172
2021年	300*

註：2021 年數據為台積電於 2021 年 4 月法說會宣布的預估值
資料來源：台積電

晶片愈做愈小，目的是要讓一個晶片裡塞進更多的電晶體，以滿足科技產品輕薄、精密的需求。然而晶片再怎麼小，終究有其物理極限。儘管 2016 年隸屬美國能源部的勞倫斯伯克

註 1：2015 年蘋果智慧型手機 iPhone 6S 的 A9 處理器，同時採用台積電與三星的晶片，雖然兩者製程不同，但當時有海外科技網站進行實測，發現台積電版本的電池續航力更優秀。儘管蘋果曾出面澄清兩者差距不大，但當時卻引發 iPhone 6S 使用者欲退貨三星版本、改換台積電版本的風波。而自 2016 年起，蘋果的 A 系列處理器也都交由台積電獨家代工。

利國家實驗室曾宣稱，已成功創造 1 奈米電晶體；然而能在實驗室製造出來是一回事，要在工廠大量以高良率生產又是另一回事。

以 2021 年初來說，三星也有 7 奈米和 5 奈米的產品，但是無奈三星的良率太低，所以市占率一直無法提升。我們也可以觀察，2022 年三星若真的量產 3 奈米製程的晶圓，須注意三星市占率是否提升，同時台積電的市占率是否下降，藉此觀察台積電是否能繼續保有技術優勢。

就算有一天台積電的技術優勢不再領先，也不代表台積電會即刻崩盤，只能說台積電多了一個競爭者，我還是有時間觀察和調整持股。所以我至少會閉著眼睛持有台積電股票到 2022 年，期待兩軍開戰的結果。這也是為什麼我會一直把台積電股票從 200、300 元抱到 679 元，而後一度跌回 518 元都沒有賣出，因為我知道現在都還不是決定買賣的時刻。我會抱到台積電的技術優勢停止，才會開始考慮賣出手中的股票。

6. 個人對台積電的願景？

一個晶圓的製造，少則 2,000 道工序，多則 4,000 道工序。如果每一道工序良率為 99.9%，經過 2,000 道工序之後良率會到 13.5%，經過 4,000 道工序之後良率會變成只有 1.8%。所以這表示要有多少的工序良率都要到幾乎 100%，最後才能做出可以用的產品。這也是為什麼三星目前在 7 奈米和 5 奈米良率無法提升的原因。

有些事情不會就是不會，做不到就是做不到。如果未來三星 3 奈米良率無法提升，英特爾（Intel）自己的先進製程也持續落後，會不會先進製程 2 奈米以下，只剩下台積電一家能做？然後那時候的台積電有超多廠房產線全力運作生產，那時候的市場會給台積電多少的股價呢？

7. 股票該什麼時候買進，什麼時候賣出？

2018 年被動元件大缺貨的時候，國巨（2327）股價從 2018 年初的 300 多元飆到 1,100 元以上。我們如何知道什麼時候該買進，什麼時候該賣出？會不會成為最後一隻老鼠？會有這些疑問，都是因為我們不了解該事件上漲的原因。知道上漲的原因，當這個因素消失之後，股價自然就會下跌。

曾經的千元股王宏達電（2498），2008 年時也是優先推出 HTC 智慧型手機而搶得市占；可是當其他廠商追上來的時候，宏達電並沒有更好的技術去建立護城河，最終從低階到高階手機都慘遭攻破，股價也從千元以上慘跌，2020 年最低甚至跌到 25 元。

當我們了解台積電上漲的動能是來自於產品製程優勢，那麼只要產品製程持續有優勢，且有持續增加資本支出來支撐營收成長，股價就會穩步上漲。當然在上漲過程中，股價一定會因為市場買賣力道拉扯而出現波動，但只要我們知道台積電的優勢是什麼，上漲原因是什麼，就會知道該持有還是賣出了。

以上我列出的問題，台積電都有提供解答，就算出了狀況我也有應對的方法，這時候我還需要擔心什麼呢？

而且台積電從 2019 年起改成季配息，不但減少了每年除權息對於股價波動的衝擊，每 3 個月發一次股利，剛好可以讓我拿來支付股票質押借款還有房屋抵押借款的利息。借款利息由台積電股利支付，我就靠台積電的股價上漲，讓我的資產穩步增值。

持之以恆》長期主動選股才能培養投資敏感度

傻多只是對未來大盤指數永遠看多，但是並不傻。市場上有些老師認為人生不要那麼複雜，只要固定投資某幾種股票型ETF，其他市場上的事情都不需要關心，這樣的理論和做法也獲得很多人的支持。但是我覺得不參與市場的波動，怎麼能培養出自己的投資方法和理論？當市場給你一個機會的時候，你怎麼會知道要伸手去抓住這個機會？

可以這麼說，投資台積電（2330）讓我突破了財務的瓶頸，改變了我的人生；我擺脫了每日繁重的工作，讓我從財務壓力中解脫出來，讓我擁有時間的主控權，也得以好好照顧身體的健康。這是市場給我的機會，而我把握住了。

也許你會說，早知道如此，那為什麼不一開始就只投資台積電？這樣不是可以更快財富自由嗎？偏偏人生就是不會早知道，我一開始會選擇建立存股組合領每年 5% ～ 6% 的股利，是當時累積的生命經驗引導我做出的決定；也正是因為成功獲得存股的現金流，才讓我能堅持在投資的路上繼續前進。而我採取主動選股的方式，也讓我成功維持對市場的敏感度以及判斷力，讓我得以抓住投資台積電的機會。

天時地利人和，才敢重壓單一股票

我在 2019 年買入台積電股票，觀察的指標就只有技術優勢，尤其是台積電的法說會，更是得到相關即時資料最重要的來源。所以我認為比起其他股票，要掌握台積電的優勢還滿容易的，我也才敢用借來的錢重壓台積電。

我喜歡檢討過去人生所做的決策，或是我曾經寫過的文章；我認為這次能成功把握台積電，完全是「天時地利人和」的最佳範例。

天時

我在 2019 年中的時候，開始執行股票質押借款再投資的計畫。其實當銀行撥款的時候，已經錯過了台股配息的旺季。這代表我向銀行借錢之後，要持續每月付出借款利息，然後 1

年後才能拿到現金股利，變成還沒賺到錢，就要先付出利息成本，感覺不太對。

剛好台積電 2019 年改成季配息，每隔 3 個月就會配發一次現金股利，讓我可以很快就能獲得現金流，正好搭配到我的股票質押投資系統。

以我 2019 年中買進 24 張台積電為例，當年 10 月我就領到了每股 2 元季配息，也就是 4 萬 8,000 元；而我每月要付的股票質押借款利息是 1 萬 500 元（＝借款 600 萬元 × 質押借款年利率 2.1%÷12 個月），一季的配息可以抵掉我 4 個月要繳的利息。到了下一季，台積電季配息 2.5 元，我可以領到 6 萬元，這下可以抵掉我 5 個多月的利息。

地利

近年 5G、物聯網、高效能運算、人工智慧等等蓬勃發展，這些領域皆有先進製程需求，台積電剛好產業製程和良率領先，擁有獨占市場的優勢。

人和

2018 ～ 2019 年時我開始尋覓可以活化資產的方法，上網找資料的時候，認識到股票質押借款這個工具。選股時，研讀到關於投資台積電的研究分析文章。經過評估，我發現台積電進可攻退可守，也符合個人選股喜好，所以開始買入布局。

天時、地利，我們都難以控制，我們可以控制的是人和。「機會是留給準備好的人」這句話雖是陳腔濫調，但也是鐵錚錚的事實，當機會來的時候，成功關鍵就在於你有沒有做好準備。

會關注投資的人，每天都會接收到很多資訊；哪個老師報了什麼股票，有什麼優勢、看好什麼樣的未來成長……那我們自己的判斷是什麼？

就像我 2019 年 7 月買入台積電的第一時間，就在我的 FB、VOCUS 部落格分享我的投資決策和想法，但是會跟著做的人很少；因為我的這個訊息對於讀者來說，只是他們每天所接收眾多訊息的其中之一而已。

台股有上千檔股票，沒有人可以每一檔股票都研究到。我們能做的就是從每天接收到的投資訊息中，選一個符合自己投資屬性的來做決策。如果你沒有了解自己的投資屬性、喜好和決策，那所有的訊息對你來說都是「選一檔股票賭一下」，也就很難把握到真正可以賺錢的機會。

我在 2019 年買進台積電之前這段時間，除了台積電，我也有注意到聯發科（2454）、緯創（3231）、世芯 -KY（3661）、茂林 -KY（4935）等股票的利多消息。但是分析過後，我發現台積電具有產業優勢，長期趨勢往上，營收與股利穩定，未來成長可以期待，只有它符合我的投資性格；其他股票對我來說，不是確定性不夠，就是太過投機。雖然事後觀察，這些股票都有上漲，漲幅甚至超過台積電不少；但是如果重來一次，要我買聯發科、緯創、世芯 KY、茂林 KY 等股票，我也只敢各買一張，最後的總獲利，也比不上我重壓台積電的成果。

因為我對台積電有把握，才敢買大量、下重本；但是要買我沒把握的股票，對我來說就是投機、賭博，所以我只敢買一點點，價差、獲利也不會有什麼看頭。

透過法說會資訊，分析台積電的投資展望

最後來談談我對投資台積電的未來展望。根據《經濟日報》的報導，台積電 2021 年 1 月舉辦的第一次法說會，一共釋

出了幾個訊息：

1. 台積電去年（2020 年）第 4 季合併營收為 3,615.3 億元，季增 1.4%、年增 14%，毛利率為 54%，稅後純益約 1,427.7 億元，季增 4%、年增 23%，每股純益為 5.51 元。若以美元計算，台積電去年第 4 季業績季增 4.4%、年增 22%。

以我個人的解讀，台積電的業務和營收，是隨著先進製程以及資本支出的增加而逐季增加營收。不斷往上的營收，就是股價不斷往上的保證。

2. 台積電 5 奈米製程出貨占 2020 年第 4 季的業績比重已達 20%，7 奈米及 16 奈米製程出貨分別占 29% 與 13%。總體而言，包含 16 奈米及以下的更先進製程營收占比為 62%。

先進製程已經占總營收 62%。如果今天市場對於先進製程產品沒有需求，儘管你有再好的技術，別人不需要用到那麼好的技術，那台積電空有這個技術也是枉然。不過，現在看起來是只要先進製程產能開出，就馬上會被各家企業和公司的需求填滿。所以你能不期待 2021 年台積電資本支出對於未來營收的影響嗎？

3. 台積電第 1 季合併營收預計介於 127 億美元到 130 億美元之間，若以新台幣 27.95 元兌 1 美元匯率假設，毛利率預計介於 50.5% 到 52.5% 之間，營業利益率預計介於 39.5% 到 41.5% 之間。

台積電的營收以美元為主，所以新台幣兌美元匯率的變化反映在財報上，就會影響台積電的毛利率；當新台幣升值，會使台積電毛利率下滑。以 2020 年底而言，新台幣兌美元匯率到達 1：27.9，這的確是到了一個罕見的地步。不過我相信隨著全球新冠肺炎疫情的趨緩，熱錢會慢慢撤出台灣市場，當新台幣貶值，毛利率就會再增加，台積電會更賺錢。

4. 台積電去年資本支出為 172.4 億美元，2021 年的資本支出預估將介於 250 億到 280 億美元之間。上述資本支出，預計 80% 會使用在先進製程，包含 3 奈米、5 奈米及 7 奈米技術，大約 10% 會用於先進封裝及光罩製作，另外約 10% 會用於特殊製程。台積電表示，投入年度資本支出是基於對未來數年成長的預期所規畫，主要考量 4 大原則，包括技術領先、彈性並反映需求的製造能力、保有客戶信任、獲取適當的報酬。

台積電持續增加每年的資本支出，從 2020 年的 172 億美元，增加到 2021 年 1 月宣布的 250 億～ 280 億美元，且 2021 年 4 月台積電法說會上又宣布調升到 300 億美元。大家目前是估計由於英特爾（Intel）要將某些產品交給台積電代工，所以台積電不得不增加資本支出以因應英特爾的需求。台積電目標是「成為所有 IC 設計公司的代工廠」，現在又更接近其目標。

5. 繼 5 奈米之後，3 奈米製程是台積電又一個全節點的新技術，使用 FinFET（鰭式場效電晶體）架構，可提高 70% 的邏輯密度，效能提升 15%，功耗降低 30%。目前看到在高效能運算及智慧型手機應用上都有較多客戶投入，試產時間計畫在 2021 年，並預計在 2022 年下半年量產。

5 奈米已經在 2020 年底量產，3 奈米沿用 FinFET 架構，可以減少客戶升級上的難度，並不需要額外改變設計。像三星預計 3 奈米使用 GAA（環繞閘極技術）架構，如果現在使用台積電 5 奈米 FinFET 架構的客戶，要轉換到三星 3 奈米 GAA 架構，勢必設計和製造上都會比較困難。所以如果三星真能在 2022 年下半年量產 3 奈米，投資人到時候只要關注三星是否有機會彎道超車台積電；只要台積電繼續保有技術優勢，那市占率就還是會繼續由台積電獨占鰲頭。

6. 預期 2021 年半導體不含記憶體的市場約成長 8%，晶圓產業約成長 10%。若以美元計算，台積電有信心在 2021 年達到中十位數（mid-teens）百分比的年成長率，在智慧型手機、高效能運算、汽車電子及物聯網等 4 個成長平台中看到強勁商機。該公司並預期 2020 到 2025 年間，其業績以美元計算，將有 10% 至 15% 的年複合成長率。同時，台積電預期全球智慧型手機數量相較 2020 年將成長 10%，而 5G 智慧型手機的市場占比會從 2020 年的 18%，在 2021 年增加到超過 35%。

台積電公開説明在未來 5 年，每年的年複合成長率可以達到 10% 至 15%。看到官方的這個數據，你能對未來台積電的營收成長性感到懷疑嗎？

7. 關於股利政策，台積電強調，維持每年／每季穩定且可持續的現金股利，相關承諾沒有改變。

除了營收的增加帶來股價的上升，台積電並強調與保證未來股利數字的穩定提供。像我使用股票質押借款來買台積電，每季的股利對我拿來支付股票質押利息有很大的幫助。

由以上 7 點可以看出，台積電對於未來 5 年充滿信心，投資人只要觀察2022年3奈米三星和英特爾的研發與量產進度，就可以根據台積電的市占率和毛利率增長狀況，來決定台積電是否能夠持續成長。只要台積電地位不變，持續上漲的營收就是股價上漲的保證。直到台積電地位被威脅、失去市占率、毛利率降低等徵兆出現，再獲利了結也不遲。

有夢最美，希望相隨。我期待台積電變成全世界唯一的先進製程代工廠，連三星、英特爾都跟不上的代工廠，到時候台積電股價又會到多少？我認為會是很精彩的一齣戲，就讓我們繼續看下去。

國家圖書館出版品預行編目資料

傻多存股法：小工程師存出百萬股利組合，45歲提前退休/徐世鑫（棒喬飛）著. -- 一版. -- 臺北市：Smart智富文化, 城邦文化事業股份有限公司出版, 2021.06
面； 公分
ISBN 978-986-99847-5-1（平裝）

1.個人理財 2.財務管理 3.股票投資

563 110007128

Smart智富

傻多存股法

小工程師存出百萬股利組合，45歲提前退休

作者 徐世鑫（棒喬飛）
企畫 黃嫈琪

商周集團
榮譽發行人 金惟純
執行長 郭奕伶
總經理 朱紀中

Smart 智富
社長 林正峰（兼總編輯）
副總監 楊巧鈴
編輯 邱慧真、胡定豪、施茵曼、陳婕妤、陳婉庭、劉鈺雯
資深主任設計 張麗珍
版面構成 林美玲、廖洲文、廖彥嘉

出版 Smart 智富
地址 104 台北市中山區民生東路二段 141 號 4 樓
網站 smart.businessweekly.com.tw
客戶服務專線 （02）2510-8888
客戶服務傳真 （02）2503-5868
發行 英屬蓋曼群島商家庭傳媒股份有限公司城邦分公司

製版印刷 科樂印刷事業股份有限公司
初版一刷 2021 年 6 月
ISBN 978-986-99847-5-1

定價 320 元

Smart 智富 讀者服務卡

WBSI0103A1
《傻多存股法：小工程師存出百萬股利組合，45歲提前退休》

為了提供您更優質的服務，《Smart 智富》會不定期提供您最新的出版訊息、優惠通知及活動消息。請您提起筆來，馬上填寫本回函！填寫完畢後，免貼郵票，請直接寄回本公司或傳真回覆。Smart 傳真專線：（02）2500-1956

1. 您若同意 Smart 智富透過電子郵件，提供最新的活動訊息與出版品介紹，請留下
電子郵件信箱：＿＿＿＿＿＿＿＿

2. 您購買本書的地點為：□超商，例：7-11、全家
□連鎖書店，例：金石堂、誠品
□網路書店，例：博客來、金石堂網路書店
□量販店，例：家樂福、大潤發、愛買
□一般書店

3. 您最常閱讀 Smart 智富哪一種出版品？
□ Smart 智富月刊（每月 1 日出刊）　□ Smart 叢書　□ Smart DVD

4. 您有參加過 Smart 智富的實體活動課程嗎？　□有參加　□沒興趣　□考慮中
或對課程活動有任何建議或需要改進事宜：＿＿＿＿＿＿＿＿

5. 您希望加強對何種投資理財工具做更深入的了解？
□現股交易　□當沖　□期貨　□權證　□選擇權　□房地產
□海外基金　□國內基金　□其他：＿＿＿＿＿＿＿＿

6. 對本書內容、編排或其他產品、活動，有需要改善的事項，歡迎告訴我們，如希望 Smart 提供其他新的服務，也請讓我們知道：＿＿＿＿＿＿＿＿

您的基本資料：（請詳細填寫下列基本資料，本刊對個人資料均予保密，謝謝）

姓名：＿＿＿＿＿＿＿＿　性別：□男　□女

出生年份：＿＿＿＿＿＿＿＿　聯絡電話：＿＿＿＿＿＿＿＿

通訊地址：＿＿＿＿＿＿＿＿

從事產業：□軍人　□公教　□農業　□傳產業　□科技業　□服務業　□自營商　□家管

您也可以掃描右方 QR Code、回傳電子表單，提供您寶貴的意見。

想知道 Smart 智富各項課程最新消息，快加入 Smart 自學網 Line@。

104 台北市民生東路 2 段 141 號 4 樓

Smart 智富
行銷部 收

●請沿著虛線對摺，謝謝。

Smart 智富

書號：WBSI0103A1
書名：**傻多存股法**——小工程師存出百萬股利組合，45歲提前退休